Topos plus **Taschenbücher**
Band 453

Franz Annen (Hg.)
Gottesbilder
Herausforderungen
 und Geheimnis

Topos⁺lus Taschenbücher

Topos plus **Verlagsgemeinschaft**

Butzon & Bercker, Kevelaer | Don Bosco, München
Echter, Würzburg | Verlag Katholisches Bibelwerk, Stuttgart
Lahn-Verlag, Limburg Kevelaer | Matthias-Grünewald-Verlag, Mainz
Paulusverlag, Freiburg Schweiz | Friedrich Pustet, Regensburg
Styria, Graz Wien Köln | Tyrolia, Innsbruck Wien

Die Deutsche Bibliothek – CIP-Einheitsaufnahme
Ein Titeldatensatz für diese Publikation
ist bei Der Deutschen Bibliothek erhältlich.

© 2002 Paulusverlag, Freiburg/Schweiz
Neuausgabe
Kein Teil des Werkes darf in irgendeiner Form
(durch Fotografie, Mikrofilm oder ein anderes Verfahren)
ohne schriftliche Genehmigung des Verlages
reproduziert, vervielfältigt oder verbreitet werden.

Einband- und Reihengestaltung:
Akut Werbung GmbH, Dortmund
Herstellung: Pustet, Regensburg
Printed in Germany

Topos^{plus} – Bestellnummer: **3-7867-8453-1**

Inhalt

Vorwort   7

Manfred Diefenbach
Das Bilderverbot des Judentums   13

Daniel Kosch
Zärtlichkeit und Zorn – Der Gott Jesu   33

Walter Gross
„Ich schaffe Finsternis und Unheil"
(Jes 45,7) –
Die dunkle Seite Gottes   62

Marie-Louise Gubler
„Wie eine Mutter ihren Sohn tröstet …"
(Jes 66,13) –
Die Gottesrede aus der Erfahrungswelt
der Frauen   102

Dietrich Wiederkehr
Der Mensch als Gottes Ebenbild –
Bürgschaft Gottes und Auftrag
des Menschen   134

Anmerkungen   155

Vorwort

„Die gesellschaftliche Diagnose einer – bereits seit längerer Zeit bemerkten, nichtsdestoweniger andauernden – ‚Gotteskrise' *(Johann Baptist Metz)* ist bekannt: Gott wird in unserer zunehmend nach den Mechanismen des Marktes funktionierenden Gesellschaft nur noch gelegentlich ‚nachgefragt'. Es gehört vielmehr zum guten Ton, von Gott nicht zu sprechen, weil dies vielfach peinlich-betretenes Schweigen auslöst." Dieser Feststellung von Stefan Orth[1] wird kaum jemand widersprechen wollen. Sie entspricht einer Erfahrung, die wir selber immer wieder machen können. Gott ist in unserer Gesellschaft heute kein Thema, jedenfalls kein öffentliches. Wenn man von ihm spricht, dann höchstens im privaten Raum oder im kleinen Kreis. Das gibt zu denken.

Noch mehr muss es zu denken geben, wenn Orth anfügt: „Schließlich findet sich der schleichende Atheismus selbst in den Kirchen, in denen man das Gottesthema den Theologen zugeschoben hat, die sich dann ex professo mit ihm herumschlagen sollen … So sehr Einzelne mit der Frage nach Gott und nach den Konsequenzen ihrer Beantwortung ringen mögen: Die Säkularisierung ist auch innerhalb der Kirche so weit vorangeschritten, dass sich selbst für viele, für die Gemeindeleben wie Gottesdienste wichtige Bestandteile ihres Alltags sind, die Frage nach Gott als solche nicht stellt"[2]. Sicher wären diese pauschalen Einschätzungen zu differenzieren und präziser zu fassen. Aber leider steckt nur zu viel Wahrheit darin. Wie zur Bestätigung bekam der Herausgeber dieses Bändchens von einem Verlag, bei dem er wegen der Veröffentlichung anfragte, einen abschlägigen Bescheid mit der Begründung, dass sich dieses Thema heutzutage nicht verkaufen lasse.

Andererseits macht wohl nicht nur der Schreibende die Erfahrung, dass im seelsorglichen Einzelgespräch wie in religiösen Gesprächsrunden immer wieder die Gottesfrage thematisiert wird. Das Gottesbild liegt manchem Problem glaubender und den Glauben suchender Menschen zu Grunde. Es kann erdrückend und belastend, aber auch befreiend und heilend sein und damit das Leben und Glauben von Grund auf prägen – so oder so. Es ist daher nicht nur eine theoretische Feststellung, dass die Gottesfrage die Grundfrage des Glaubens ist. Wenn das eben Gesagte zutrifft, dann handelt es sich bei der von Orth festgestellten Gotteskrise nicht so sehr um ein Desinteresse an der Frage nach Gott als vielmehr um eine Krise des Sprechens über Gott: Die Sprache der Verkündigung zu diesem Thema wird von den Menschen heute weitgehend nicht verstanden oder nicht als relevant empfunden.

Wie dem auch sei: Der Theologe kann jedenfalls zu keiner Zeit darauf verzichten, über Gott zu sprechen. Theo-logie ist per definitionem Sprechen von

„Theos" (Gott). So betreffen die Beiträge des vorliegenden Bändchens das zentrale Thema der Theologie und damit auch die zentrale Aufgabe einer theologischen Hochschule. Es handelt sich dabei um fünf nur leicht überarbeitete Vorträge, die im Mai und Juni 2000 an der *Theologischen Hochschule Chur* gehalten wurden. Diese Sommervorträge haben eine Jahrzehnte lange Tradition und richten sich nicht nur an Theologen, sondern an ein breiteres, bildungsbereites Publikum, das sich für die kompetente Erörterung religiöser Fragen interessiert.

Es ist dem Herausgeber selbstverständlich bewusst, dass die fünf Themen nur eine kleine Auswahl der in Bibel und christlicher Tradition verwendeten Gottesbilder ansprechen. Sie sind aber nicht zufällig gewählt, sondern wollen Aspekte zur Sprache bringen, die vielen ungewohnt sind und herausfordern; Aspekte auch, die geeignet sind, das Bewusstsein zu stärken, dass Gott ein Geheimnis ist und bleibt. Die Theologie und auch glaubende Menschen sind ja dauernd in der Gefahr, zu genau zu wissen, wer Gott ist, und zu vergessen, dass er ein unfassbares Geheimnis bleibt. Die vorliegenden fünf Beiträge wollen also zum Nachdenken herausfordern, verfestigte Gottesbilder in Frage stellen, zu einfache Gottesbilder aufbrechen und auch deutlich machen, dass Gottesbilder verpflichten. Das soll der Untertitel des Bändchens „*Herausforderungen und Geheimnis*" andeuten.

Wenn die Gottesfrage unter dem Titel „Gottesbilder" angegangen wird, dann ist damit ein Dilemma verbunden. Auf der einen Seite können wir als Menschen nicht ohne Bilder von Gott reden und erst recht nicht ohne Bilder an ihn glauben und zu ihm beten. Auf der anderen Seite kann kein Bild Gott wiedergeben, wie er ist. Die Differenz zwischen Gott selbst und allen Symbolen, Bildern und Gleichnissen bleibt immer bestehen. Es sind nur Annäherungen möglich, die Gott ebenso unähnlich wie ähnlich sind. Wenn wir Gott mit Bildern fassen könnten, wäre er nicht Gott. Mit dieser Problematik hat der erste Vortrag über das Bilderverbot des Judentums von *Manfred Diefenbach* zu tun.

Im Raum der katholischen Kirche hat in den letzten Jahrzehnten ein deutlicher Wandel des Gottesbildes stattgefunden. Viele unserer Eltern wuchsen mit einem Gott auf, der vor allem der gerechte und unbestechliche Richter war. Seit den sechziger Jahren orientierte man sich in der kirchlichen Verkündigung stärker an der Bibel, an der Frohen Botschaft. Was das Gottesbild betrifft, rückte der Vater ins Zentrum, der die Menschen liebt und ihnen Heil schenkt. Für viele bedeutete dieser Wandel ein Aufatmen, ein Abschütteln von Ängsten und Zwängen, ein Erwachsenwerden vor Gott und in der Kirche. Manchem kommt dabei aber die bange Frage: Ist unser Gottesbild nicht einfach einem modernen Trend erlegen? Haben wir uns da nicht selbst einen bequemen Gott zurechtgelegt? Für Christen ist Jesus der Maßstab, an dem sie sich auszurichten haben, besonders auch, wenn es um das Gottesbild geht. Daher fragt *Daniel Kosch* in seinem Beitrag nach dem Gott Jesu und gibt eine differenzierte Antwort jenseits aller Klischees anhand der Evangelien selbst.

Während für die traditionelle Theologie Gott die Wahrheit, Güte und Liebe selber ist und so alles Negative vom Gottesbild fernzuhalten ist, erfuhren und erfahren glaubende Menschen Gott in vielen Situationen ihres Lebens auch als hart oder sogar grausam, als dunkel und unverständlich. Die Bibel nimmt solche Gotteserfahrungen auf und spricht an manchen Stellen in erstaunlich offener Weise darüber. *Walter Gross* behandelt anhand einiger alttestamentlicher Texte die dunklen und harten Züge des Gottesbildes[3], die von einer systematischen Theologie nur schwer einzuordnen sind. Gerade an dieser Stelle wird besonders deutlich spürbar, dass Gott größer ist als unsere Gedanken, dass er ein Geheimnis ist und bleibt.

Seit vermehrt auch Frauen Theologie studieren und lehren, wird immer deutlicher, wie sehr das Gottesbild vom Menschenbild der Glaubenden, der Theologen und Theologinnen, der Verkünder und Verkünderinnen geprägt ist. So kommen erst in neuerer Zeit weibliche Aspekte des Gottesbildes vermehrt ins Gespräch und in den theologischen Diskurs. *Marie-Louise Gubler,* die 1975 als erste Frau in der Schweiz in Theologie promoviert wurde, zeigt in ihrem Beitrag, dass schon in der Bibel von Gott nicht nur männliche, sondern durchaus auch weibliche Bilder gebraucht werden. Sie sind geeignet, das Gottesbild heutiger Frauen und Männer zu bereichern.

Der Glaube Israels verbietet Gottesbilder, d. h. die bildliche oder plastische Darstellung Gottes. Davon handelte der erste Beitrag dieses Bändchens von Manfred Diefenbach. *Dietrich Wiederkehr* schließt mit dem Blick auf den Menschen als Bild Gottes, eine Vorstellung, die besonders aus dem ersten Schöpfungsbericht bekannt ist (Gen 1,26–27). Was bedeutet es, wenn die Bibel, die so heftig gegen die Herstellung von Gottesbildern polemisiert, den Menschen selbst als Ebenbild Gottes bezeichnet? Nochmals von einer neuen Seite wird dabei deutlich, wie sehr das Menschenbild mit dem Gottesbild zusammenhängt.

Die Veröffentlichung dieser fünfteiligen Vortragsreihe der Theologischen Hochschule Chur verbindet sich mit der Hoffnung, dass sie bei einigen Leserinnen und Lesern Nachdenklichkeit auslöst und Anlass ist, das eigene Gottesbild neu zu überdenken. Damit würden die Arbeit und die Bemühungen der Referenten wie des Herausgebers ihr Ziel erreichen.

Dem Herausgeber bleibt zum Schluss die angenehme Pflicht zu danken: den Referenten, die ihre Manuskripte zur Verfügung stellten, und der Verlagsgemeinschaft Topos plus für die Aufnahme des Buches in ihre Taschenbuchreihe sowie für die sorgfältige Drucklegung.

Chur, im Sommer 2002   Franz Annen

Manfred Diefenbach

Das Bilderverbot im Judentum

Einleitung

Nehmen Sie sich kurz die Zeit, um sich die bzw. der Frage zu stellen: Wie sieht nach meiner Ansicht Gott aus?, und malen Sie ruhig Ihr Gottesbild in Ihrer Phantasie kunterbunt aus. Ist Ihr Gott ein alter Mann mit einem weißen Bart, wie ihn beispielsweise Fresken von Michelangelo in der Sixtinischen Kapelle im Vatikan darstellen, die so dessen Gottesbild in den Köpfen der Betrachter verewigen? Gott Vater ist demnach gegenüber Jesus die ältere Person, was mit dem weißen Bart zum Ausdruck gebracht werden soll. Von daher stellen sich besonders Kinder – aber auch viele Erwachsene – den personalen Gott als einen vornehmen, greisen Herrn vor. Dass der Mensch Personen oder Tiere, die mit übernatürlichen Kräften begabt sind, anbetet, zeigen die paläo- und neolithischen Höhlenmalereien oder sonstigen Zeichnungen von Naturvölkern.

Tagtäglich wird die Phantasie des Menschen durch millionenfach gedruckte und flimmernde Bilder in der heutigen Medienwelt bewusst oder auch unbewusst geweckt und beeinflusst. So malt sich der Mensch in seiner Phantasie seine Vorstellungen vom Traumauto oder von seinem Traummann bzw. seiner Traumfrau als Idealfall aus. Letztendlich geschieht dies ebenfalls bei den Vorstellungen über die Person Jesus und seinen Vater, welcher das Gute[4] – der Sache nach – begründet und der Gute – als personaler Bezug – ist. Schon die vier Evangelisten haben jeweils ihre Sichtweise und Perspektive von Jesus, dem Sohn Gottes, in Geschichten über seine (Lebens-)Geschichte aufs Papier gebracht und ausgemalt. Wie der Evangelist entsprechend seinem eigenen Standpunkt respektive Blickwinkel[5] sein Jesusbild hat(te), so hat jede und jeder von uns ihr/sein persönliches Jesus- und Gottesbild. Wie steht es dann in diesem Zusammenhang um das Bilderverbot? Ist ein allgemeines Bilder- bzw. Kunstverbot in der Hebräischen Bibel[6] verhängt? Ist beim antiken, jüdischen Sprachgebrauch des Begriffes „Bild" sowohl die plastische, ikonografische Darstellung als auch die geistige Vorstellung im Blickfeld des Verbotes? Sind durch eine unklare Begrifflichkeit wie Bild – Kultbild – Götter- bzw. Götzenbild Fehlinterpretationen im Verlauf der Geschichte begründbar?

1975 stellte Jochen Gerz zehn Schrifttafeln in englischer Sprache zum Thema „Bilder einer Ausstellung" im Ausstellungsraum des Museums von Saint-Etienne auf, welche es mit Hilfe eines Opernglases aus einer Höhe von drei Metern zu entziffern galt: Mach dir von mir kein Bild (im Original: Do not make an image of me); sieh mich nicht an; gib mir keinen Namen; komm mir nicht zu nahe; erinnere dich nicht an mich; beschreibe mich nicht; vergleiche mich nicht; beziehe dich nicht auf mich; beurteile mich nicht; bilde mich nicht ab – eindeutig eine Anspielung auf das Bilderverbot im Dekalog.

1. Das Bilderverbot im Dekalog

In der Tora (griechisch: Pentateuch) heißt es im Dekalog (Ex 20,4 par. Dtn 5,8):

> „Du sollst dir kein Gottesbild machen und keine Darstellung von irgend etwas am Himmel droben, auf der Erde unten oder im Wasser unter der Erde."

Der Dekalog, die Zehn Worte bzw. Gebote, welche man sich im wahrsten Sinne des Wortes an den zehn Fingern abzählen und in Erinnerung rufen kann, ist die wichtigste Botschaft vom Berg Sinai bei der Begegnung Mose mit seinem Gott Jahwe. Der fromme Jude spricht statt Jahwe (vgl. Ex 3,14) adonaj (= der Herr), aus Respekt vor dem Namen Gottes. Für den gläubigen Juden oder Christen hat Jahwe – sprich: adonaj – selbst dieses Gotteswort auf Stein geschrieben und Mose übergeben. Auf den beiden Tafeln stehen in der hebräischen Fassung nur 120 Wörter und sie umfassen die Grundregeln bzw. Leitsätze sowohl des jüdischen als auch des christlichen

Glaubens für das Verhältnis zu Gott und für das tägliche Miteinander.

Der Dekalog ist dreiteilig konzipiert: Zunächst erfolgt in Ex 20,2 par. Dtn 5,6 die Selbstvorstellung Jahwes; dann folgt in Ex 20,3–6 par. Dtn 5,7–10 das Hauptgebot als Fremdgötter- und Bilderverbot im Sinne einer Verhältnisbestimmung von Mensch zu Gott; zuletzt werden sehr ausführlich in Ex 20,7–17 par. Dtn 5,11–21 die Einzelgebote zum Verhältnis von Mensch zu Mensch bzw. zu bestimmten Sachen geregelt[7].

Der Grundgedanke eines generellen Bilderverbotes ist nicht bloß im Dekalog (vgl. Ex 20,4–6 par. Dtn 5,8–10), sondern auch in Ex 20,23; Dtn 27,15; Jes 40,19; 44,10; Weish 13,10–19; 14,12–31; 15,1–19; 2 Makk 12,40 formuliert. Das Bilderverbot steht oftmals im Zusammenhang mit dem Verbot der Verehrung fremder Gottheiten bzw. Götter und ist eng mit ihm verknüpft[8] (vgl. Ex 20,3–7; 34,14.17; Lev 19,4; Dtn 4,16–19.23.25; 5,7–11), sodass eine „paarweise ... Zuordnung"[9] in Form eines Doppelgebotes besteht. Darüber hinaus finden sich „Vernichtungsvorschriften bezüglich fremder Kultobjekte ... (vgl. z. B. Ex 23,24; 34,13; Dtn 7,5; 12,3; 16,21; Ri 2,2; 6,25–32)"[10]. Diese normative „Bildlosigkeit des JHWH-Kultes" ist „ein zentrales Theologumenon der israelitischen Religion"[11]. Was für einen Sinn und Zweck verfolgt dieses Doppelgebot bzw. -verbot? Zum einen soll Jahwes Exklusivität gewahrt werden, da Gott Jahwe einzig und allmächtig ist. Das ist das Gebot des Monotheismus im Sinne von Dtn 6,4–7, welches des Weiteren im Neuen Testament in den Briefen des Apostels Paulus in 1 Thess 1,9 und 1 Kor 8,6[12] zu finden ist. Zum anderen soll Jahwes Personalität bewahrt bleiben, da Gott menschenunabhängig ist (vgl. Ex 20,4 par. Dtn 5,8; Ex 20,23; 34,17; Lev 19,4; 26,1; Dtn 27,15)[13].

2. Das soziologische Umfeld des Bilderverbotes

„Nicht ... das historische Datum der Entstehung und Formulierung des Verbotes ist ausschlaggebend, sondern das sozio-kulturelle Umfeld, das zur Auseinandersetzung mit Bildern geführt hat"[14], so zu Recht die Beurteilung von Christoph Dohmen. Der Monotheismus, der sich zunächst „von einer integrierenden Monolatrie zu einer intoleranten Monolatrie"[15] im 9. Jh. v. Chr. während der babylonischen Exilszeit entwickelt hat, besagt eindeutig: Gott ist einzig und allmächtig. Alle und alles hat in ihm die Quelle. Sollte Israel Götter verehren, wirke dieses über Generationen hinweg wie Gift, das tödlich sei. Denn Götter seien immer beschränkt; daher sei Israel gut beraten und angehalten, niemandem den letzten Respekt zu zollen, der nicht der Höchste sei. Die Versuchung war zu groß, wie die Geschichten/Geschichte in der Hebräischen Bibel belegen/belegt. Was ist nun die eigentliche Ursache der Bilderverbotsforderung: „Ihr sollt euch von Gott kein Bild machen"?

Ursprünglich waren die Söhne Abrahams, Isaaks und Jakobs ein Nomadenvolk. Sie zogen immer umher und hatten so keine feste Bleibe. Sie konnten daher keine Bilder aufstellen. Im Sinne einer „Präsenztheologie"[16] hatten sie nur ein Symbol für die Gegenwart Gottes: die Bundeslade, einen Kasten, in dem die zwei Gesetzestafeln, der Aaronstab und ein wenig Manna aufbewahrt wurden. Im Volk bestand die feste Überzeugung, dass diese Lade der Fußschemel für den unsichtbar anwesenden Gott sei. Später übernahm Salomo Thronfiguren einer Gottheit: Stier, Adler, Löwe oder Mensch. Dies aber wurde missgedeutet und -verstanden. So merzte man diese Zeichen im Sinne eines Bilderverbotes wieder aus. „Kein Bild! Warum? Jedes Bild engt ein. Gott aber ist immer noch größer. Wir dürfen Gott nicht nach dem Maß unserer Erkenntnis festlegen"[17]. Der Vorwurf der Juden gegenüber den sogenannten Heiden war, dass diese aus Holz, aus Erz, aus Stein oder aus sonst irgendwelchen Materialien gefertigte Gottheiten anbeten würden. Dies sei daher ein Götzendienst der Gottlosen und Sünder (vgl. Weish 13,10–14,11). „Damit soll natürlich die Nichtigkeit und Ohnmacht der ‚stummen', leblosen Götter betont werden. Außerdem ist der Götzendienst nach jüdisch-christlicher Überzeugung automatisch mit Unmoral verbunden (Weish 14,12; Röm 1,24–32; 1 Petr 4,3), nach Paulus, weil Gott die das Irdische vergötzenden Menschen sich selber preisgibt. Spätere christliche Schriftsteller verweisen auch gern auf das schlechte Beispiel, das die

Götter – etwa der Ehebrecher Zeus – geben"[18]. Der Apostel und einstige Pharisäerschüler Paulus, der selbst in dieser Tradition stand, wollte von Anfang an mit seinen scharfen Worten die Gefahr, dass Ortschaften wie die Stadt Athen von Götzenbildern „verseucht" würden, von seinen christlichen Gemeinden bannen.

Im offiziellen Kult der polytheistischen Religionen gab es eine Hierarchie – eine heilige Ordnung – der Gottheiten und ihrer Zuständigkeit (z. B. Baal, Zeus und Jupiter für das Wetter, für das Meer Jam, Poseidon oder Neptun, für die Unterwelt Mot oder Hades, für Wein und Theater im Hellenismus Dionysos und bei den Römern Bacchus und viele andere mehr). Der nichtjüdische Volksglaube hatte sich an eine geordnete Göttervielfalt mit seinen spezifischen bildlichen Darstellungen und Mythen gewöhnt[19]. In einem solchen Umfeld des Synkretismus – der Vermischung religiöser Bräuche und Sitten – und des Polytheismus – der Vielgötterei – der Israel benachbarten Völker in Ägypten, in Mesopotamien und Syrien (der Baalkult) oder Palästina (das Kalb bzw. Stierbild von Bet-El als Staatssymbol des Nordreiches)[20] schützte sich das sogenannte auserwählte Volk Israel durch das Gebot der Nichtdarstellung ihres Gottes Jahwe. Dadurch „fällt alleine die Religion Israels aus dem Kontext der altorientalischen Religionen; denn ihre ausformulierte Ablehnung von Bildern stellt nicht nur ein Element kultischer Novität oder Exklusivität dar, sondern bietet in der im AT vorliegenden

Form eine ausgeprägte theologische Konfrontation mit anderen Religionen"[21]. Zudem brauchte das theokratisch organisierte Gottesvolk Israel zur eigenen Identität die Abgrenzung zu den konkurrierenden Völkern samt ihrer Götterverehrung im Mittelmeerraum[22]. Unter Berücksichtigung dieser sozio-kulturellen Gegebenheiten Israels wurde die Hemmschwelle zum Schutz vor dem Missbrauch des Gottesbildes für den Volksstamm gesetzlich streng festgeschrieben, damit sich der Mensch als Geschöpf Gottes nicht zum Schöpfer eines universalen und verehrungswürdigen Gottesbildes erhebt. Bilder sind nach dieser Auffassung stets ein Machwerk von Menschenhand aus Silber oder Gold (vgl. Ps 115,4–8) und von daher stets unzulänglich.

Die Geschichte vom Goldenen Kalb (vgl. Ex 32,1–35) qualifiziert die Bildverehrung als Sünde und Teufelswerk im Sinne des Bundesbruchs Israels, da statt Gott Jahwe ein Kalb als selbstgemachter, materieller, sichtbarer, darstellbarer, konkreter, begreifbarer, betastbarer und in sich begrenzter sowie lebloser Gegenstand/Konkretion in Form einer funktionalen Skulptur angebetet wurde. Dadurch wurde der sich offenbarende personale Gott Jahwe angreifbar, griffig und verfügbar gemacht[23]. Der Gefahr vom Ge- und Missbrauch von Bildern (vgl. Dtn 5,11), d. h. der „Versuchung, Gott durch Bilder definieren und begrenzen zu wollen und zu vergessen, dass Gott letztendlich nicht verfügbar ist"[24], wäre so Tür und Tor geöffnet. Die hier zur Sprache gebrachte massive Kritik wendet sich demnach mit großer Wahrscheinlichkeit gegen den Stierkult[25], der in Bet-El, dem Heiligtum des Nordreichs, praktiziert wurde.

3. Das Reden von Gott in der Bibel

Die Fachzeitschrift „Bibel und Kirche" hat 1999 eigens ein Themenheft „Gottesbilder oder Wie die Bibel von Gott spricht" herausgegeben[26]. Die ontologische Frage, wer Gott sei, wird selbst in der Heiligen Schrift nicht beantwortet. Die freiwillige Kundgabe des Namens Jahwes – sprich: adonaj – in Ex 3,13–15 ist keine Wesensdefinition. Und doch reden Menschen auf menschliche Art und Weise von Gott, wobei Gott stets der Transzendente, der Geheimnisvolle und der Verborgene ist und bleibt. Daher ist die Frage, wer Gott ist, zu modifizieren: Wie reden Menschen angemessen von Gott?

Wer dies überlegt, den stört das oft sehr menschliche Reden von Gott in der Bibel nicht mehr besonders und den irritiert auch nicht das widersprüchliche „Reden von bzw. über Gott" – auf Griechisch: „Theo-logie". Jedes Reden von Gott in Bildern und Vergleichen hat letztlich die Beziehung (des Schöpfers) Gottes zum Menschen (als Geschöpf) oder zur Schöpfung zum Thema. So überträgt der Mensch seine entweder positiven (schützen, retten, helfen, wachen, sich freuen[27] etc.) oder negativen (strafen[28], verlassen, richten, sich abwenden, verspotten, eifersüchtig[29] oder zornig[30] sein)

Alltagserfahrungen auf Gott, um mit Hilfe dieser Eigenschaften (Attribute) Gott zu be- und zu umschreiben. Nur ein „unbekümmertes" Reden von Gott redet so, als ob Gott ein „Objekt" bzw. eine „Sache" wäre.

Welche Konsequenzen hat ein handgreifliches, anthropomorphes Reden von Gott? Auf dieser Ebene weitergedacht, verkommt Gott zum Götzen. Liegt im bildhaften Reden von Gott in gleicher Weise wie im bildlichen Darstellen von Gott eine Unzulänglichkeit und eine Begrenztheit des Menschen vor? So werden Aussagen in den Psalmen 44,24; 76,65 und 121,3–4[31] gesetzt und korrigierend antithetisch zurückgenommen – er ist nahe und doch nicht nah – oder ambivalent – er ist der nahe und zugleich ferne Gott (vgl. Jer 23,23) – ergänzt.

In diesem Zusammenhang ist mit Christoph Dohmen anzumerken, dass das Bilderverbot „niemals ... als Kunst- od(er) Vorstellungsverbot verstanden worden" ist, „sondern immer als prakt(ische) Seite der (theoretischen) Forderung nach Alleinverehrung des Gottes JHWH, was auch durch den je eigenen Umgang mit visuellen Elementen in der alttestamentlichen Prophetie bestätigt wird"[32] (vgl. Jes 6; 40). Das Bilderverbot der Hebräischen Bibel ist kein Kunstverbot, vielmehr geht es um „die Frage nach dem rechten Gottesverhältnis" und „um eine Verhältnisbestimmung zwischen Gott und Mensch. Voraussetzung dafür ist aber der Unterschied zwischen Gott und Mensch. Somit wahrt das Bilderverbot die Transzendenz Gottes, ruft aber gleichzeitig nach einer Vermittlung in die Immanenz"[33] in respektvollen Worten und Werken.

Zentrales Thema ist so der Monotheismus: Es gibt einen einzigen Gott Jahwe, der transzendent und nicht irdisch ist. Durch die Abgrenzung des transzendenten Gottes von der Welt ist sein Wesen sowohl in der Zeit- als auch in der Raumdimension unbegrenzt. Und doch ist der personale, mit den Menschen sprechende Gott Jahwe „in die Geschichte" der Menschen in Raum und Zeit präsent/gegenwärtig (gewesen)[34] und nicht irgendein Es, sondern ein DU[35]. Jedes Reden von Gott ist ein Sprechen sowohl von, über und mit dem transzendenten als auch zugleich immanenten Gott Jahwe – „Bin ich denn ein Gott aus der Nähe ... und nicht vielmehr ein Gott aus der Ferne" (Jer 23,23) –, der wie eine Person, ein Du des Glaubens, ist. Dieser personale Gott ist der Gesprächspartner für Mensch und Welt, ohne selber von dieser Welt zu sein.

Gerade in der Dornbuscherzählung wird in der Antwort Gottes in Ex 3,14 sehr deutlich, dass nicht nur wir Menschen, sondern Gott es selber schwer hatte, „in unserer Sprache von sich zu reden. Die Sprache versagt. Die Grammatik sperrt sich; sie ist nicht für das Reden von Gott gemacht. Aber durch die Risse der Sprache hindurch offenbart er sich". Der Bundesgott ist „trotz seinem Bund mit seinem Volk unverfügbar. Er ist da als das absolute Geheimnis. Er ist da, nicht wie es uns gut dünkt, sondern wie es ihm für uns gut dünkt. Nur weil er sich diese Freiheit nimmt, können wir gewiss sein, dass er, wenn er da ist, wirklich unseretwegen da ist"[36].

Aus dieser Vorsicht heraus differenziert die Hebräische Bibel den Zustand „Bild" mit zehn verschiedenen Ausdrücken[37]. Dies ist ein Indiz für die große Bedeutung der Bilder im Ersten Testament; und es gilt dabei zu beachten, dass die unterschiedlichen hebräischen Termini für „Bild" „semantisch v. a. bei Herstellungsarten od. der materiellen Beschaffenheit der B(ild)er ansetzen od. sich auf deren Funktion (od. auch Wesen) beziehen; niemals sind aber wie im Deutschen Metaphern, Gedanken, Vorstellungen o. ä. beim Begriff"[38] Bild gemeint. Die Kontexte der alttestamentlichen Texte sind mehrheitlich Auseinandersetzungen mit Bildern („Götterbildpolemik"[39]), um den Unterschied Israels zu anderen Kulturen des alten Orients zu manifestieren.

Ein erneuter sozio-kultureller Blick in die Zeit der Spätantike kann uns hier weiterhelfen. In der Spätantike gab es vier Kategorien von Bildern: erstens das *Götterbild*, zweitens das *Kaiserbild*, drittens das *Totenbild* und viertens das *erzählende Bild*.

Das *Götterbild* wurde als Repräsentanz einer Gottheit verstanden, die als anwesend (präsent) galt, solange das Bild da war. In abgewandelter Weise galt dies auch für das *Kaiserbild*; denn der Kaiser galt als Repräsentant der politischen (und religiösen bzw. theokratischen) Macht. Dem Bild gebührte deshalb Respekt in dem Maß, wie es die Staatsrepräsentanz einforderte („Gottkönigtum"[40]):

Im Orient waren von Alters her „die Herrscher als Söhne der Götter angesehen und geehrt worden. Aus der Hand der Gottheit hat der König das Gesetz empfangen, nach dem er sein Volk regiert, so dass ihm kraft seiner Herkunft und der ihm verliehenen göttlichen Vollmacht unumschränkte Gewalt und Macht zukommt. Sein Amt wird unmittelbar von den Göttern hergeleitet und ist daher von unantastbarer Hoheit. In dem König zeigt sich die Gottheit den Menschen, indem sie durch ihn und in ihm ihnen sichtbar wird und mit ihnen in Verbindung tritt. Die Griechen teilten diese Vorstellungen, die im Orient weit verbreitet waren, nicht"[41].

Der *Kaiserkult*, der sich unaufhaltsam im Römischen Reich ausbreitete, diente der Verehrung des Herrschers. In erster Linie war er Zeichen politischer Ergebenheit, die in kultischen Formen Ausdruck fand. Da das Volk der Juden eine ehrwürdige Religion hatte, verlangten die Römer von ihnen nicht, am Herrscherkult teilzunehmen. Statt dessen wurde bis zur Zeit des Jüdischen Krieges ein tägliches Opfer für den Kaiser im Tempel dargebracht. Diese Rechte blieben selbst nach dem Jüdischen Krieg erhalten. Diese römischen Privilegien gegenüber den Juden kamen anfänglich den Christen, welche durch die römischen Behörden als eine jüdische Sekte eingestuft wurden, zugute. Mit der Spaltung der Christen von der Synagoge der Juden verloren sie diese Sonderrechte und kamen seitdem des Öfteren mit dem römischen Kaiserkult, also der kultischen Verehrung des römischen Herrschers[42], in Konflikt, was Verfolgungen und schwere Leiden der Kirche zur Folge hatte[43].

Anders verhält es sich beim *Ahnen- oder Totenbild*: Es wollte in erster Linie erinnern. Indem der Beschauer das Porträt ansah, kam ihm in den Sinn, was der Dargestellte für ihn bedeutet hatte und noch bedeutete.

Das *erzählende Bild* inszeniert vergangene Ereignisse oder Geschichten, welche unter irgendeiner Hinsicht für die Beschauer bedeutsam waren. Die Christen haben von Anfang an das Götterbild und Vielgötterei als vergötterte Menschen – „Es gibt viele Götter und viele Herren", so Paulus in 1 Kor 8,5–6 oder Röm 1,23 und Gal 4,8[44] – abgelehnt, da sie das jüdische Bilderverbot auch für sich als verpflichtend erachteten. Das jüdische Bilderverbot wird, auch wenn es sich im Neuen Testament nicht zitiert findet, folglich im ganzen Neuen Testament vorausgesetzt[45]. Hier wird ganz deutlich, dass „die Anhänger des (neuen) Weges" (Apg 9,2), die ersten „Christen" (Apg 11,26), ihre Wurzel in der jüdischen Religion haben. Jesus und seine JüngerInnen – Lukas nennt die Zwölf Apostel – waren von Anfang an bis zu ihrem Lebensende Juden[46]. Aus dieser Verwurzelung in den jüdischen Gesetzen der Tora (= [An-]Weisung) bezeugten die Christen dem Kaiserbild solange keine Verehrung, wie nicht deutlich war, dass dies keiner göttlichen Verehrung der Staatsmacht gleichkam. Die beiden anderen Bildformen, „Toten-" und „erzählendes" Bild, hingegen dürfen wir schon relativ früh im christlichen

Gemeindeleben vermuten, wobei die memoria/Erinnerung an die Gestalt Jesu Christi zunächst in bekannte Bildmuster eingebettet wurde, die metaphorischen Charakter hatten (das Gute-Hirt-Motiv für Jesus (vgl. Joh 10,1–21) in Anlehnung an Jahwe in Jes 40,11; Jer 31,9; Ez 34,11–22; Mi 4,6; Zef 3,19[47]): Abbild im Sinne einer Vorbild-Funktion für das eigene christliche Leben in der Nachfolge Jesu Christi! Mit dem erzählenden Bild hatten die Christen sehr wahrscheinlich schon sehr früh keine Mühe. So wurden Gleichnisse Jesu aus den vier Evangelien illustriert, zumal Jesus selbst verbal in Bildern und in Vergleichen, Visionen, Metaphern, Vorstellungen in Anlehnung an bzw. in Anspielung auf die Figuration Gottes in der Hebräischen Bibel, dem Ersten Testament, von Gott als Vater[48], Mutter, König[49], Auge[50], Hand[51], Ohr[52], Füße[53], Burg, Turm, Stein, Fels, Berg, Rad, Feuer, Sonne, Kind usw.[54] redete.

4. Wirkungsgeschichte des Dekaloges

Die drei monotheistischen Religionen – Judentum, Christentum[55] und Islam – stützen ihren Glauben wesentlich auf die Hebräische Bibel, sodass das Bilderverbot in diesen Glaubensgemeinschaften jeweils ihre eigene Wirkungsgeschichte durchlaufen hat. Ein Blick in die Religions- bzw. Kirchengeschichte offenbart zu unserem Thema „Bilderverbot" interessante Vorkommnisse und Entwicklungen.

4.1. Im Judentum

Die Konfrontation mit dem römischen Imperium infolge der Besetzung Palästinas 63 v. Chr. begünstigte eine „rigorose Auffassung"[56] des Bilderverbotes der Zeitgenossen Jesu, nachdem zuvor die Diasporajuden die hellenistische Kultur immer mehr assimilierten und ihre Sitten und Bräuche allmählich vernachlässigten oder gar über Bord warfen. „Je nach Umweltverhältnis u. Gruppenorientierung wurde daher dieser Ermessungsspielraum großzügiger od. enger ausgenützt. Dabei wurde stets eine Plastik als weit problematischer empfunden als eine zweidimensionale Abbildung"[57]. Besonders die Aufstellung römischer Feldzeichen im Tempelhof rief eine große Empörung[58] und Rückbesinnung bei den unterworfenen Juden hervor, die sich in ihrer religiösen Überzeugung und Ehre verletzt fühlten. So bestand vom Anfang der römischen Unterwerfung Palästinas an eine Spannung zwischen Römern und Juden, die durch die eingeräumten Sonderrechte im Hinblick auf die Achtung der jüdischen Bräuche zum Abbau dieses Konfliktpotentiales verringert wurde. Die jüdische Religionsgruppierung der „Zeloten" (= Eiferer) empfand aus Hass gegen die „Gott Jahwe-losen" Römer eine „religiös-politische Bilderfeindlichkeit"[59]. Zweimal entlud sich dieser Hass der Juden gegen die Römer, zunächst 66–70 „nach Christi Geburt" sowie ein zweites und letztes Mal 132–135 n. Chr. beim sogenannten Bar-Kochba-Aufstand.

Von 135 n. Chr. bis zur Wiedererrichtung des Staates Israel 1948 bestand kein jüdischer Staat und das jüdische Volk war in aller Welt – in der Diaspora – verstreut zu Hause, sodass es in der Frage des Bilderverbotes durch die unterschiedlichen Kulturen und Regionen zu verschiedenen Auslegungen in der Halaka (Weisung; aktualisierte Tora-Auslegung[60]), der Mischna[61] (Niederschrift der Halaka im Sinne einer Gesetzessammlung) und zuletzt im Talmud[62] kam[63]. Dies geschah, obwohl es eine (schriftliche und mündliche[64]) Tora – die (An-)Weisung Gottes an Mose und seine Nachkommen – für alle gab, die Mose am Sinai empfing und seinen Nachkommen überlieferte (vgl. Mischna Abot I,1). Diese Grundeinstellung hat bis zum heutigen Tag bestand: „Während in Orthodoxie und Chassidismus Exilbewusstsein und Bildungsideal weiterhin starke anti-ästhetische Affekte in bezug auf nicht-funktionale Kunst bedingen (…), steht das moderne Judentum der profanen Kunst einschließlich Plastik ausgesprochen aufgeschlossen gegenüber"[65].

4.2. Im Christentum

Die Christen der ersten drei Jahrhunderte waren wegen des normativen „alttestamentlichen" Bilderverbotes (vgl. Ex 20,4 par. Dtn 5,8) und aus „Angst vor einem Rückfall in einen Kultbetrieb"[66] (vgl. Tert., idol. III) gegenüber Bildern äußerst zurückhaltend. Wie schon zuvor erwähnt, wurden im Umfeld des Totenkultes[67] symbolische oder erzählende Darstellungen mit christlichen Motiven wie dem Lamm, der Taube, dem Anker, dem guten Hirten oder der Erweckung des Lazarus gestattet. Erst nach der Konstantinischen Wende im vierten Jahrhundert hielt das Bild Einzug in die christlichen Räumlichkeiten. In den folgenden 400 Jahren konnte sich zunächst eine Bildkultur unbehelligt entwickeln, bis der Bilderstreit von 726 bis 843 entfacht wurde. Ziel der Bildergegner, der Ikonoklasten, war es, per Dekret des oströmischen Kaisers Leo III. aus den Jahren 726 und 730 die Auswüchse volkstümlicher Bilderverehrung einzudämmen. Seitdem stand die Gruppe der Ikonoklasten den Ikonodulen, welche überwiegend aus den Mönchen und dem einfachen Volk bestand, unversöhnlich gegenüber. Daher war diese Streitfrage stets auf der Traktandenliste verschiedener Synoden und Konzilien (Hiereia im Jahre 754; Nikaia 787 n. Chr.) dieser Zeit weit oben[68].

Ein zweites Mal kam es in Kirchen zum „Bildersturm". Im Rahmen der Reformation zerstörte Andreas Rudolff Bodenstein von Karlstadt am 6. Februar 1522 in der Pfarrkirche zu Wittenberg und im Mai 1523 in Orlamünde wegen Abgötterei in Anlehnung an das Bilderverbot im Dekalog – „Bilderverbot gehöre zum Dekalog"[69] oder „Gottes Gebote, auch das Bilderverbot, müsse ohne Rücksicht auf die ‚Schwachen' erfüllt werden"[70] – Heiligen-, Marien- und Christusbilder. Martin Luther war in der Bilderfrage gemäßigter und wertete diese Frage als sekundär[71]: „In Ex 20,4 ist nicht das Machen, sondern das Anbeten von Bildern verboten", so Luther am 6. März 1522 (WA 27,4.21.22). Hingegen waren Zwingli und Calvin[72] im Hinblick auf die Bilderfrage viel radikaler als Luther. So rief Zwingli in seiner Schrift „Eine kurze christliche Einleitung" vom 17. 11. 1523 (= CR 89,626–663) im Herbst und Dezember 1523 zum Zerstören der Bilder in den Kirchen von Zürich und Umgebung auf, welche er im Schreiben „Eine Antwort, Valentin Compar gegeben" vom 27. April 1525 (= CR 91,35–159) nochmals rechtfertigte[73].

Ich habe den Eindruck, dass die Wogen in der Frage, sind Bilder oder Plastiken in den Kirchen erlaubt, heutzutage noch nicht ganz geglättet sind. Besonders den protestantischen Kirchen – aber auch der römisch-katholischen Kirche – fällt der Dialog mit Künstlern der modernen Kunst schwer, sodass in den Köpfen unterschwellig immer noch ein Bilderverbot besteht[74].

4.3. Im Islam

Beim sowohl aus der Tradition Abrahams als auch aus der Tora inhaltlich schöpfenden Islam „herrscht ein striktes Verbot der Abbildung von Lebewesen"[75] und erst recht von Gott Allah.

5. Zusammenfassung und Ausblick

Im Umfeld der Reproduktionskunst und der Medienwelt ist „kritisch eine neue ‚Schaukultur'" zu fordern und zu fördern. Dies bedingt das Zusammenarbeiten mit denjenigen, „die als Künstler mit der Sprache der Bilder die Tiefen der Wirklichkeit darzustellen suchen und dabei auch die transzendierende Wirklichkeit" erspüren. Dabei gilt es, sich vom „verharmlosenden Gebrauch von Dekorationskunst" zu trennen, „um die Sehgewohnheiten auf Qualität hin zu führen und so die Wahrheit von Bildern und Zeichen neu zu entdecken"[76], so zu Recht das Urteil von Ludwig Mödl, welches umso mehr den Sinn des Bilderverbotes trifft. Dies gilt jedoch nicht bloß für „visuelle", dargestellte Bilder von Gott und seiner Welt als seiner Schöpfung, sondern auch für unsere persönlichen Bilder von Gott und seinem Sohn Jesus in unserer Phantasie; ansonsten kann es uns beim sogenannten Jüngsten Gericht ergehen wie in der folgenden tiefsinnigen Erzählung: „Ein weißer Chauvinist und Rassenkämpfer kommt zum Himmelstor und fordert Einlass. Ein misstrauisch-düster blickender Engel sagt ihm, hier könne er nicht eintreten. Der Neuankömmling fragt: ‚Warum nicht?' und erhält zur Antwort, dass Gott ihn nicht mag. Über diese Antwort ist er ziemlich erstaunt, denn sein Leben lang war er ein frommer Presbyteraner gewesen. Verblüfft fragt er zurück: ‚Und warum liebt mich Gott nicht?' ‚Weil Gott eine Negerin ist', erwidert darauf der Engel"[77].

Daniel Kosch

Zärtlichkeit und Zorn – Der Gott Jesu

In einem urchristlichen Hymnus, der uns im Kolosserbrief überliefert ist, findet sich das Christus-Bekenntnis: „Er ist das Ebenbild des unsichtbaren Gottes" (1,15). In Jesus Christus, in seiner Verkündigung, seinem Verhalten und seinem Schicksal wird Gott für Christinnen und Christen auf einzigartige Weise sichtbar. Aber ebenso wie der unsichtbare Gott begegnet uns auch Jesus Christus nie unmittelbar, sondern immer nur in Bildern, die dem Wandel der Zeit unterworfen und vom Blickwinkel der Betrachterinnen und Betrachter mitbestimmt sind. Deshalb beginne ich mit Stichworten zum Thema Jesus (1.) und zu aktuellen Diskussionsfeldern der Jesusforschung[78] (2.), um dann auf die Gottesverkündigung Jesu einzugehen (3.) und mit einer Überlegung zur Infragestellung der Gottesbotschaft Jesu durch Karfreitag und durch die Katastrophe von Auschwitz zu schließen (4.).

1. Stichworte zum Thema „Jesus"

1. Der Historische: Die Frage nach dem Gott Jesu kann nicht besprochen werden ohne Hinweis auf die Quellenlage. Wir haben keinen unmittelbaren Zugang zu Jesus (und schon gar nicht zu seinem Gottesbild), sondern sind angewiesen auf die Auswertung von Glaubenszeugnissen, die in einem erheblichen zeitlichen, aber auch sachlichen (kulturellen, sprachlichen, soziologischen) sowie theologischen Abstand (vom Glauben Jesu zum Glauben an Jesus) verfasst wurden und eine komplexe Entstehungsgeschichte haben.

2. Der Jude: Wenn vom Gott Jesu die Rede ist, ist aus historischen und theologischen Gründen alles zu vermeiden, was impliziert oder indirekt voraussetzt, der Gott Jesu sei ein anderer als der Gott Israels. Jesus ist nicht nur als Jude geboren, sondern auch als Jude gestorben. Sein Gott war kein anderer als der Gott Abrahams, Isaaks und Jakobs, der Gott der Sara, der Rebekka und der Rahel. Eine individuelle Ausprägung der Gottesvorstellung bei Jesus ist als Profilierung innerhalb des vielfältigen Judentums seiner Zeit zu verstehen und nicht – wie es häufig geschieht – als Gegensatz zum Judentum.

3. Der Sohn Gottes: Schon sehr früh wurde Jesus als „Sohn Gottes" bekannt. Dieses Bekenntnis und vergleichbare Hoheitstitel oder christologische Aussagen drücken aus, dass Jesus ganz aus der Beziehung

zu Gott lebte. Nicht nur seine Botschaft, sondern sein ganzes Verhalten und auch sein Schicksal wurden von seiner Unmittelbarkeit zu Gott her verstanden. Die Gottesvorstellung und -erfahrung Jesu ist deshalb nicht nur aus seinen Worten zu erschließen, sondern auch aus seinen Taten und seinem Lebensweg.

4. Der Ferne: Als historische Gestalt gehört Jesus einer fernen, längst vergangenen Welt an, von der uns nicht nur die Zeit trennt, sondern auch die gesamte Vorstellungswelt. Die Auffassung, dass Gott unmittelbar ins weltliche Geschehen eingreift, der Glaube an Dämonen, ein anderes Weltbild und auch die Erwartung, dass Gott seine Königsherrschaft in der unmittelbar bevorstehenden Endzeit „wie im Himmel so auf Erden" machtvoll durchsetzt, sind Voraussetzungen der Gottesrede Jesu, die wir nicht mehr teilen. Mit der historischen Rekonstruktion der Gottesvorstellung Jesu ist im Blick auf unseren eigenen Gottesglauben die Frage nach ihrer Vermittlung in die geistige Situation unserer Zeit zu verknüpfen.

5. Der Konstruierte: Keine Rückfrage nach Jesus, und sei sie noch so akribisch und um Wahrhaftigkeit bemüht, führt zum „wirklichen Jesus". Jedes Jesusbild ist ein Konstrukt, beruhend auf unseren Fragen, unseren Voraussetzungen, auf unbewussten Vorstellungen und selbst getroffenen Vorentscheidungen, auf Glaubensauffassungen und Hinter-

grundtheorien. Wenn ich frage, wie sich männliche und weibliche Gottesbilder in der Jesusüberlieferung zueinander verhalten, entsteht ein anderes Bild, als wenn ich beispielsweise die Gottesverkündigung Jesu mit jener Johannes des Täufers vergleiche. Wenn ich bei der Sprachgestalt der Gottesrede Jesu in den Gleichnissen ansetze, kommt anderes in den Blick, als wenn ich nach Spuren seines mystischen Erlebens frage.

2. Stichworte zu aktuellen Diskussionsfeldern

1. Ausgangspunkt historische Kritik: Für die meisten bibelwissenschaftlich arbeitenden Theologinnen und Theologen bildet nach wie vor die Methodenpalette der historisch-kritischen Exegese die Grundlage im Umgang mit den Texten. Diese werden mit literaturwissenschaftlichen und historischen Methoden untersucht, auf Quellen und Überlieferungsgeschichte befragt und in ihren Entstehungszusammenhang eingebettet. Für die Frage nach dem Gott Jesu heißt das: Texte werden auf ihre mögliche Echtheit hin geprüft, mit anderen Jesus zugeschriebenen Texten und mit dem, was wir über die Welt Jesu wissen, verknüpft, um zu einem immer fragmentarischen und vorläufigen Gesamtbild zu gelangen[79].

2. Brennpunkt Sozialgeschichte: Innerhalb der historischen Fragestellungen wurden im Bereich sozi-

algeschichtlicher Erkenntnisse in den letzten Jahrzehnten wichtige Fortschritte erzielt[80]. Viel stärker als in den fünfziger bis siebziger Jahren wird das Gottesbild Jesu verknüpft mit der sozialen, wirtschaftlichen und kulturellen Realität seiner Zeit. So werden zum Beispiel die Bilderwelten der Gleichnisse, in denen es oft um Geld, landwirtschaftliche Produktion, Abhängigkeit der Diener von ihren Herren oder um die Tätigkeit von Hausfrauen geht, unmittelbarer mit der Gottesvorstellung Jesu verknüpft. Beim Gleichnis von den Arbeitern der letzten Stunde beispielsweise, die den gleichen Lohn erhalten wie jene, die schon am frühen Morgen eingestellt wurden, geht es nach heutiger Auffassung nicht nur um die „größere" bzw. „andere" Gerechtigkeit Gottes, um das „Gnadenprinzip" und seinen Vorrang vor dem „Leistungsprinzip", sondern es geht zugleich um einen Gott, der sich mit den Arbeitslosen solidarisiert.

3. Feministische Anfragen: Auf ein weiteres Diskussionsfeld wurde von der feministischen Theologie[81] aufmerksam gemacht. Wie steht es mit dem Verhältnis von weiblichen und männlichen Metaphern für Gott in der Jesusüberlieferung? Hat die Rede von Gott als Abba-Vater, die lange Zeit als *das* Kennzeichen des von Güte und Nähe bestimmten Gottesbildes Jesu galt, nicht auch eine patriarchale Kehrseite? Kann man wirklich von einer besonderen Frauenfreundlichkeit Jesu sprechen, wenn nur eine kleine Minderheit von Sprachbildern aus der

Lebenswelt von Frauen stammt und diese die Frauen vielfach auf den häuslichen Bereich festlegen, was einer unkritischen Übernahme traditioneller Rollenklischees gleichkommt?

4. Befreiungstheologische Lektüre: Nochmals andere Akzente setzen befreiungstheologische Zugänge zum Gott Jesu[82]. Aufgrund ihrer besonders hohen Sensibilität für das Gefälle zwischen Arm und Reich, Macht und Ohnmacht nehmen sie Jesu Rede von Gott nicht nur für die „Option für die Armen" in Anspruch, die die Bibel vom Exodus bis zur Apokalypse wie ein roter Faden durchzieht. Befreiungstheologische Zugänge machen zudem auf die je nach Adressaten unterschiedlich akzentuierte Rede Jesu von Gott aufmerksam. Während den Armen, Kranken und Behinderten die Zuwendung Gottes vorbehaltlos zugesprochen und erfahrbar gemacht wird, werden die Reichen und Einflussreichen mit der Forderung konfrontiert, zuerst ihren Besitz loslassen und ihre Macht teilen zu müssen. Entsprechend begegnet ihnen die Zuwendung Gottes primär als Anspruch, gelegentlich auch in Form von Polemik oder Gerichtsandrohung.

5. Theologie nach Auschwitz: Als letztes wichtiges Diskussionsfeld nenne ich die nach der Shoah notwendig gewordene und in den letzten Jahren breit in Gang gekommene Neuorientierung der Rede von Gott[83]. Das Eingeständnis, dass nicht zuletzt im Namen des Christentums, des Evangeliums und auch

Jesu sehr negative Bilder vom Judentum geprägt und jahrhundertelang weitergegeben wurden, hat zu einer Neubesinnung in Bezug auf das aktuelle Verhältnis von Juden und Christen und zu einer Neubeurteilung der Stellung Jesu im Judentum seiner Zeit geführt. Das leider tief eingewurzelte Denkmuster, den „strahlend hellen" Jesus von seinem düsteren alttestamentlich-jüdischen Hintergrund abzuheben, wird kritisiert und durch eine Sichtweise ersetzt, die der Vielfalt des Judentums und seinem Reichtum Rechnung trägt. Diskutiert wird auch, ob nicht schon das Neue Testament mit zum Teil sehr polemischen Aussagen eine Quelle des Antijudaismus ist, ja sogar, ob Jesus selbst mit seinem Anspruch Anteil an dieser Entwicklung hatte. Aber „Auschwitz" hat nicht nur zu einer sehr fruchtbaren Überprüfung der historischen Voraussetzungen des Gottesbildes Jesu geführt, sondern wirft auch schwerwiegende theologische Fragen auf: Wie kann man angesichts des Genozids am jüdischen Volk und angesichts anderer Katastrophen und Gewalttaten davon sprechen, dass der himmlische Vater „weiß, was ihr braucht" (Q 12,30[84])? Wie ist die Rede von der Güte und Menschenfreundlichkeit und Zärtlichkeit des Gottes Jesu „nach Auschwitz" noch zu verstehen und zu verantworten? Kann die Tatsache, dass Gott „seine Sonne aufgehen lässt über Böse und Gute und es regnen lässt über Gerechte und Ungerechte" (Q 6,35) nach Auschwitz noch als Ausdruck seiner schöpferischen Güte interpretiert werden, oder ist das eine Form des Zornes, ja der Ungerechtigkeit Gottes?

3. Die Gottesverkündigung Jesu

1. Der Anfang der Verkündigung Jesu: Auf der Suche nach einem geeigneten Einstiegspunkt in die Frage, wie Jesus von Gott sprach und ihn den Menschen nahe brachte, kommt mir zu Hilfe, dass es bezüglich des Anfangs der öffentlichen Verkündigung Jesu erstaunliche Übereinstimmungen im Zeugnis der Evangelien gibt. Die Logienquelle, die vermutlich älteste größere schriftliche Sammlung von Worten und Reden Jesu, stellt die programmatische Rede Jesu an den Anfang, die mit den Seligpreisungen beginnt: „Selig ihr Armen, denn euer ist das Reich Gottes. Selig ihr Hungernden, denn ihr werdet gesättigt werden. Selig ihr Trauernden, denn ihr werdet getröstet werden"(Q 6,20–21). Bei Markus und Matthäus beginnt die Verkündigung Jesu mit den Worten: „Die Zeit ist erfüllt, das Reich Gottes ist nahe. Kehrt um, und glaubt an das Evangelium!" (Mk 1,15). Und Lukas stellt die Antrittspredigt in Nazaret an den Anfang: „Der Geist des Herrn ruht auf mir; denn der Herr hat mich gesalbt. Er hat mich gesandt, damit ich den Armen eine gute Nachricht bringe; damit ich den Gefangenen die Entlassung verkünde und den Blinden das Augenlicht; damit ich die Zerschlagenen in Freiheit setze und ein Gnadenjahr des Herrn ausrufe" (Lk 4,18–19). Die-

se „Anfänge" sind nicht primär historisch oder chronologisch zu verstehen, sondern im biblischen Sinn des „Anfangs": als Grundlage, als Ausgangspunkt, als tragende Mitte, von der her alles Weitere zu sehen und zu verstehen ist. All diesen Anfängen ist, wenn auch nicht wörtlich, so doch sachlich, dreierlei gemeinsam: die Ankündigung des *„Reiches Gottes"* (bzw. des Anbruchs seines endzeitlichen Gnadenjahres), die *Zuwendung zu den Armen* und die *Freude*, die mit dieser Zusage des Handelns und der Nähe Gottes verbunden ist.

2. An dieser Stelle wäre nun eine aufwändige und komplexe Sichtung des gesamten Überlieferungsbestandes notwendig, um die erwähnten Texte durch vergleichbare zu ergänzen und zu stützen und um den Nachweis zu erbringen, dass hier tatsächlich die „Mitte" der Gottesverkündigung Jesu angesprochen ist. Aus Raumgründen verzichte ich auf diesen Arbeitsschritt und gehe unmittelbar zu einer näheren inhaltlichen Klärung der drei erwähnten Schwerpunkte „Reich Gottes", „Zuwendung zu den Armen" und „Freude" über.

3.1. *Ein Gott, der seine befreiende Herrschaft durchsetzt*

1. Dass ‚Reich Gottes' „der Zentralbegriff der Botschaft und des Wirkens Jesu" ist, wird allgemein anerkannt[85]. Viele Einzelworte und zahlreiche Gleich-

nisanfänge bestätigen dies. Auffällig ist zudem, dass dieser Ausdruck in Jesusworten gehäuft, im Neuen Testament aber insgesamt eher selten vorkommt. Auch im Judentum seiner Zeit kennen wir keinen Propheten, Rabbi oder Lehrer, der diesen Begriff so eindeutig zur Mitte seiner Verkündigung gemacht hat, so dass wir es hier mit etwas „spezifisch Jesuanischem" zu tun haben. Die schon im Ersten Testament und im Judentum geprägte Metapher „Reich Gottes" geht zurück auf die Vorstellung, dass Gott herrscht wie ein König. Vom hebräischen oder aramäischen Sprachverständnis her ist damit nicht eine Zustandsbeschreibung gemeint, sondern ein dynamisches Geschehen: Gott setzt sich durch. Jesus geht es also nicht um das „Sein" oder das „Wesen" Gottes, sondern um sein Handeln. Die Vorstellung, dass Gott handelt und in die herrschenden Verhältnisse eingreift, impliziert Geschichtlichkeit. Für die Menschen ist Gott nicht immer und überall auf gleiche Weise erfahrbar.

2. Jesus geht davon aus, dass seine Zeit eine Zeit ganz besonderer Nähe Gottes ist und dass die endgültige Durchsetzung der Königsherrschaft Gottes unmittelbar bevorsteht, ja dass sie bereits anfanghaft erfahrbar ist. Zum Gottesbild Jesu gehört also eine Art „Zäsurbewusstsein". Bei der Frage nach der Herkunft dieser Vorstellung, dass die endzeitliche Wende von Gott her unmittelbar bevorsteht oder bereits begonnen hat, kommt der Prophet Johannes in den Blick, von dem Jesus sich hat taufen

lassen und der seine Verkündigung und Taufpraxis als Zurüstung für das unmittelbar bevorstehende Gericht verstand: „Schon ist aber die Axt an die Wurzel der Bäume gelegt; jeder Baum, der keine gute Frucht bringt, wird umgehauen und ins Feuer geworfen"(Q 3,9). Diese Dringlichkeit und die damit verbundene Entscheidungssituation übernimmt Jesus von seinem Lehrer. Trotzdem unterscheidet sich seine Endzeitstimmung stark von der des Johannes: Sein Bild für das Handeln Gottes ist nicht die bereits an die Wurzel gelegte Axt, sondern das Hochzeitsfest, das bereits im Gange ist oder zu dem mindestens die Einladung schon erfolgt ist. So fragt er einmal: „Können denn die Hochzeitsgäste fasten, solange der Bräutigam bei ihnen ist?" (Mk 2,19). Und er macht jenen, die meinen, es gäbe Wichtigeres zu tun, klar, dass sie die Chance ihres Lebens verspielen, indem sie die Einladung zum Festmahl ausschlagen (Q 14,16–21.23). Grund für diese Wende von einer gerichts- zu einer heilsbetonten Enderwartung könnte ein „visionäres Erlebnis" Jesu gewesen sein. In Lk 10,18 sagt Jesus: „Ich sah den Satan wie einen Blitz vom Himmel fallen." Das heißt: Im Himmel, in Gottes Welt, ist die entscheidende Auseinandersetzung geführt und das Böse besiegt. Gott setzt sich mit seiner Lebens- und Liebesmacht durch, auch wenn auf Erden der Kampf noch weitergeht.

3. Diesem Bild vom Satanssturz entspricht sehr gut, wie Jesus vom Anbruch der Gottesherrschaft im

Zusammenhang mit seinen Dämonenaustreibungen spricht: „Wenn ich mit dem Finger Gottes die Dämonen austreibe, dann ist zu euch das Reich Gottes gekommen" (Q 11,20). Dieses Wort und die zugehörigen Erzählungen von den Exorzismen Jesu zeigen einen befreienden Gott. Menschen werden aus dem Herrschaftsbereich lebensfeindlicher, krank und abhängig machender Kräfte herausgerissen. Sie gewinnen ihre Würde, ihre Autonomie und Handlungsfähigkeit zurück. Sie werden wieder gemeinschaftsfähig und atmen auf. Die Durchsetzung der Königsherrschaft Gottes hat kämpferische, konfrontative Züge. Widerstand und Gegenwehr müssen überwunden, die lebensfeindlichen Mächte eingedämmt bzw. ausgetrieben werden. Die Überwindung der Dämonenherrschaft durch Gott führt in Konflikte und Spannungen. Sie wird von den Abhängigen und Besessenen zunächst als Bedrohung und Angriff empfunden. Das Bild vom zärtlichen, gütigen und unendlich geduldigen Gott Jesu ist somit zu ergänzen durch Eigenschaften wie Widerständigkeit und den leidenschaftlichen Willen, dem Leben zum Durchbruch zu verhelfen.

4. Der seine befreiende Herrschaft durchsetzende Gott Jesu ist zwar bereits konkret erfahrbar. Aber diese Erfahrungen sind punktuell und fragmentarisch. Im Gleichnis vom Senfkorn, aus dem zwar eine große Pflanze entsteht, das aber selbst das kleinste aller Samenkörner ist (Q 13,18 f.), kommt dies gut zum Ausdruck. Es verknüpft und kontrastiert

die kleinen, unscheinbaren Anfänge mit der Vollgestalt des Gottesreiches und stärkt so die Zuversicht in die schöpferische Güte Gottes. Und zugleich verweist es die Hörerinnen und Hörer in der Gegenwart auf die „Samenkörner" der Gottesherrschaft. Der Gott Jesu offenbart sich im Verborgenen. Wer sein Wirken entdecken will, muss aufmerksam und sorgfältig Ausschau halten nach den bescheidenen Anfängen. Der Gott Jesu ist „der Gott der kleinen Dinge".

5. Jesu Verkündigung und sein Handeln bezeugen einen Gott, dessen „Herrschaft" nicht in neue Abhängigkeit führt, sondern in die Freiheit. Wer diesen Gott erfahren will, wird auf die Gegenwart verwiesen. Mitten im Leben kommt der Gott Jesu zum Zug: in den Kämpfen zwischen den Lebens- und den Todesmächten, in den oft unscheinbaren Erfahrungen des Gelingens, des Wachsens und Gedeihens sowie in der Zuversicht, dass aus einem Senfkorn eine große Pflanze wird und dass schon eine kleine Menge Sauerteig genügt, um eine große Menge Mehl zu durchsäuern, damit daraus nahrhaftes Brot für viele gebacken werden kann.

3.2. Ein Gott der Armen

1. Liest man die Evangelien mit der Frage, wem Jesus die Nähe und das befreiende Handeln Gottes verkündigt und welche Personengruppen in der Be-

gegnung mit ihm die Erfahrung der Gegenwart des Gottesreiches machen, stößt man immer wieder auf die kleinen Leute, auf die Menschen am Rande, auf die materiell oder körperlich oder psychisch Leidenden, auf die Opfer politischen oder religiösen Machtmissbrauchs, auf die Gescheiterten. Diese Menschen preist Jesus „selig", sie erfahren Heilung, sie werden satt, sie spüren die Zuwendung Gottes. Auffällig ist, dass sie ihnen bedingungslos zuteil wird. Die behinderten Frauen, die blinden Kinder und obdachlosen Männer von den Plätzen und Straßen sind zum Festmahl geladen, ohne dafür eine Vorleistung erbringen zu müssen (Q 14,15–24). Den Armen, Hungernden und Weinenden wird die Teilhabe am Reich Gottes zugesagt, ohne dass eine ethische Forderung erhoben würde.

2. Dass die Güte, die Zuwendung, die Nähe und die Zärtlichkeit Gottes den Armen, Notleidenden und Ausgeschlossenen gilt, ist allerdings kein Zug, den erst Jesus ins biblische Gottesbild gebracht hätte. Diese vorrangige Zuwendung, die in der befreiungstheologischen Tradition „Option für die Armen" oder „Parteinahme Gottes für die Entrechteten" genannt wird, ist ein Grundzug des Ersten Testaments: Schon in Ägypten hörte Gott auf die Klage des leidenden Volkes und führte es aus der Sklaverei in die Freiheit. Und die Tora samt den Propheten werden nicht müde, den Glauben an Gott mit der besonderen Aufmerksamkeit für die Armen zu verknüpfen und deren Ausbeutung als Gottlosigkeit zu kritisieren.

3. Die in der neueren Verkündigung oft inflationäre Rede von der Liebe und Güte des Gottes Jesu krankt daran, dass sie den Zusammenhang zwischen der Zärtlichkeit Gottes und den Menschen, denen sie gilt, unterschlägt und damit die Rede vom „lieben Gott" auf unzulässige Art verharmlost und verallgemeinert. Entsprechend rat- und hilflos begegnet eine sehr allgemein, selbstverständlich und undifferenziert vom „lieben Gott" ausgehende Sichtweise den zahlreichen harten, richtenden, gelegentlich drohenden und polemischen Worten und Bildern, die Jesus zugeschrieben werden. Zwar trifft es zu, dass manche dieser Gerichtsworte und Kritiken an den religiösen Führern nicht von Jesus selbst stammen, sondern später hinzugekommen sind. Diese Ergänzungen sind zu verstehen vor dem Hintergrund späterer Auseinandersetzungen oder der Sorge, die christliche Gemeinde könnte in zu großer Heilsgewissheit den Ruf zur Entscheidung überhören. Aber neuere Forschungen gehen zu Recht davon aus, dass Jesus nicht nur vom „Reich Gottes" gesprochen, sondern auch das Gericht angekündigt hat[86]. Das einseitige Bild vom lieben, gewaltfreien, heilenden Jesus ist ergänzungsbedürftig. Klaus Berger spricht vom „brutalen Jesus" und von „aggressiven Jesusworten". Er schreibt: „Die Aussagen Jesu über das Gericht sind oft von brutaler Härte. Da soll jemand mit einem Mühlstein um den Hals im Meer versenkt werden (Mk 9,42) oder in das unauslöschliche Feuer der Hölle kommen (Mk 9,43), wo ‚der Wurm nicht stirbt und das Feu-

er nicht erlischt' (Mk 9,48)"[87]. Auch wenn jedes einzelne Gerichtswort auf seine Herkunft von Jesus hin geprüft werden muss, ist es keinesfalls möglich, all diese Texte mit dem Argument für „unjesuanisch" zu erklären, dass sie nicht unserem Jesus- oder Gottesbild entsprechen. Wer ausgehend von der Annahme, Jesus habe einen „radikal" und „grenzenlos gütigen Gott" verkündet, die harten, drohenden Gerichtsworte zu nachträglichen Gemeindebildungen erklärt und so das gewünschte, von allen „dunklen" Zügen gereinigte „helle" Gottesbild erhält, macht einen unzulässigen Zirkelschluss: „Was erst zu beweisen wäre, wird vorausgesetzt"[88], oder: Die Katze beißt sich in den Schwanz.

4. Warum Jesus gerade um seiner Botschaft von der grenzenlosen Güte Gottes willen nicht nur vom „lieben Gott" spricht, sei an zwei Gleichniserzählungen aufgezeigt. Die erste ist unter dem Titel „Der verlorene Sohn" bekannt und handelt von einem barmherzigen Vater und seinen zwei Söhnen (Lk 15,11–32). Der jüngere bringt das Erbe durch und kehrt dann heim. Sein Vater geht ihm entgegen, umarmt und küsst ihn und lädt zum fröhlichen Fest: „Denn mein Sohn war tot und lebt wieder; er war verloren und ist wiedergefunden worden." Der ältere Sohn erfährt vom Fest. Er „wurde zornig und wollte nicht hineingehen. Sein Vater aber kam heraus und redete ihm gut zu". Ob er sich umstimmen und für das Fest gewinnen lässt, bleibt offen. Von Gericht oder von Strafe ist in dieser Erzählung nicht

direkt die Rede. Trotzdem kommt ein mögliches „bitteres Ende" in den Blick. Kann der ältere Sohn sich nicht auf die Güte seines Vaters einlassen, verpasst er das Fest und bleibt draußen. Von diesem Selbstausschluss zum „Heulen und Zähneklappern" (Mt 25,30) ist der Weg nicht mehr weit. Allerdings: Die „Hölle", vom Fest ausgeschlossen zu sein, wird nicht verhängt, sondern ist die Folge der Verweigerung gegenüber der Güte Gottes. Und Jesu Absicht als Gleichniserzähler besteht nicht darin, mit dem Ausschluss zu drohen, sondern Kritikerinnen und Kritiker seiner Botschaft und Praxis umzustimmen und zu gewinnen, denn wenn der ältere Sohn „draußen vor der Tür" bleibt, leidet nicht nur er, sondern auch der Vater, ja das ganze Freudenfest. Der Vater liebt den älteren Sohn nicht weniger als den jüngeren. Er geht zu ihm hinaus (wie der Hirt, der das verlorene Schaf sucht) und wendet sich ihm zu. Aber gerade weil er ihn liebt, kann und will er ihn nicht zu seinem Glück zwingen, sondern nur auf seine freie Umkehr hoffen (genauso, wie er den jüngeren freiließ).

5. Eine andere Gleichniserzählung handelt von einem unbarmherzigen Gläubiger: „Mit dem Himmelreich ist es deshalb wie mit einem König, der beschloss, von seinen Dienern Rechenschaft zu verlangen. Als er nun mit der Abrechnung begann, brachte man einen zu ihm, der ihm zehntausend Talente schuldig war. Weil er aber das Geld nicht zurückzahlen konnte, befahl der Herr, ihn mit Frau

und Kindern und allem, was er besaß, zu verkaufen und so die Schuld zu begleichen. Da fiel der Diener vor ihm auf die Knie und bat: Hab Geduld mit mir! Ich werde dir alles zurückzahlen. Der Herr hatte Mitleid mit dem Diener, ließ ihn gehen und schenkte ihm die Schuld. Als nun der Diener hinausging, traf er einen anderen Diener seines Herrn, der ihm hundert Denare schuldig war. Er packte ihn, würgte ihn und rief: Bezahl, was du mir schuldig bist! Da fiel der andere vor ihm nieder und flehte: Hab Geduld mit mir! Ich werde es dir zurückzahlen. Er aber wollte nicht, sondern ging weg und ließ ihn ins Gefängnis werfen, bis er die Schuld bezahlt habe. Als die übrigen Diener das sahen, waren sie sehr betrübt; sie gingen zu ihrem Herrn und berichteten ihm alles, was geschehen war. Da ließ ihn sein Herr rufen und sagte zu ihm: Du elender Diener! Deine ganze Schuld habe ich dir erlassen, weil du mich so angefleht hast. Hättest nicht auch du mit jenem, der gemeinsam mit dir in meinem Dienst steht, Erbarmen haben müssen, so wie ich mit dir Erbarmen hatte? Und in seinem Zorn übergab ihn der Herr den Folterknechten, bis er die ganze Schuld bezahlt habe" (Mt 18,23–34).

Die Echtheit der zweiten Hälfte der Erzählung ist früher oft angezweifelt worden. Ist Jesus ein Gleichnis zuzutrauen, in dem Gott mit einem Herrscher verglichen wird, der jemand „den Folterknechten übergibt"? Oder haben wir es hier mit einer nachträglichen Erweiterung zu tun, die „die zuvorkommende Barmherzigkeit Gottes (relativiert)"[89]? Mit diesem Schluss sei – so Hans Weder – „die Argumentationsrichtung der Parabel ins Gegenteil verkehrt. ... Nicht mehr das Verhalten Gottes bestimmt das Verhalten des Menschen, sondern das Verhalten des Menschen bestimmt das Verhalten Gottes, sofern Gottes Urteil sich nach diesem richtet. Der drohende, ja wohl auch gesetzliche Ton ist unüberhörbar geworden". Zu dieser Argumentation bemerkt Ulrich Luz, hier seien bei der Beurteilung der Echtheit von Jesusworten theologische Voraussetzungen im Spiel: „Offensichtlich möchte man den Gerichtsgedanken von Jesus fernhalten"[90]. Auch Jürgen Becker[91] stellt die Frage, „mit welchem historischen und theologischen Recht (man) solche Gerichtsaussagen von Jesus fernhält, jedoch der Gemeinde zutraut. Das Raster: hier der ‚helle' Jesus, dort die ‚finstere' Gemeinde, sollte jedenfalls als wertlos durchschaut werden". In den letzten Jahren gewinnt deshalb die Annahme zunehmend an Boden, das Gleichnis vom unbarmherzigen Schuldner gehe insgesamt auf Jesus zurück. Die Gerichtsdrohung ist nämlich nichts anderes als die Kehrseite der unermesslichen Vergebungsbereitschaft Gottes: Wer wie der erste Diener in einem so unerhörten Ausmaß Güte und Schuldenerlass erfahren hat, im Umgang mit seinen Schuldigern aber hart und unbarmherzig bleibt, verspielt nicht nur selbst die Chance seines Lebens, sondern macht auch den Mitmenschen das Leben zur Hölle. Jesu unerhört scharfe und drohende Warnung, die Vergebung Gottes nicht zu missbrauchen und seine Zuwendung nicht aufs Spiel zu setzen, schützt das Gleichnis davor, zur Botschaft von der „billigen Gnad" (D. Bonhoeffer) zu werden. Und diese Warnung ist Ausdruck der Solidarität Gottes mit allen, die ausgegrenzt, ausgebeutet oder auf ihre Schuld festgelegt werden. Das Gleichnis vom unbarmherzigen Knecht ist eine eindrückliche Begründung dafür, warum Jesu Zuwendung zu den Sündern mit harter Polemik gegen selbstgerechte Frömmigkeit und seine Option für die Armen mit Kritik an den Reichen verbunden ist. Von diesem Gleichnis her gewinnen auch Worte an Tiefenschärfe wie: „Eher geht ein Kamel durch ein Nadelöhr, als dass ein Reicher in das Reich Gottes gelangt" (Mk 10,25) oder: „Niemand kann zwei Herren dienen; denn entweder wird er den einen hassen und den anderen lieben, oder er wird dem einen anhängen und den anderen verachten. Ihr könnt nicht Gott dienen und dem Mammon" (Q 16,13). Für die religiös, gesellschaftlich oder wirtschaftlich Besitzenden, die Reichen und Einflussreichen ist die Teilhabe an der Herrschaft Gottes nur zu haben, wenn sie bereit sind, ihre eigenen Herrschaftsansprüche aufzugeben und ihren Besitz mit den Armen zu teilen. Die niemanden ausschließende Güte Gottes begegnet ihnen nicht als Erlaubnis, alles so zu lassen, wie es ist, sondern als Forderung. Wer von der Zärtlichkeit Gottes spricht und diese im eigenen Leben zu erfahren hofft, kann selbst nicht hartherzig bleiben. Wer das Reich Gottes als großes Gastmahl versteht, zu dem unterschiedslos alle zugelassen sind und bei dem niemand hungrig draußen bleibt, darf sich nicht durch eigenes Besitzstreben mitschuldig machen an einer Gesellschaft, in der die Armen immer ärmer und die Reichen immer reicher werden. Der Zorn des Gottes Jesu gegen Selbstgerechtigkeit, Hartherzigkeit und Reichtum ist nicht Ausdruck seiner Lieblosigkeit, sondern die Kehrseite seiner Solidarität mit den Armen.

6. Zur Gerichtsdimension der Gottesverkündigung Jesu und zur Härte, die manche Worte und Gleichnisse jenen gegenüber zeigen, die sich auf sein Verständnis der Nähe und Güte Gottes nicht einlassen, muss angemerkt werden, dass damit nicht nur ein sehr hoher persönlicher Anspruch, sondern auch ein Element der Unduldsamkeit und Intoleranz verbunden ist. Besonders die Wirkungsgeschichte dieser Texte zeigt, dass dies alles andere als ungefährlich ist. Der christliche Antijudaismus und alle anderen Formen gewaltsamer Durchsetzung dessen, was jeweils als „Wahrheit des Evangeliums" gilt, belegen die schreckliche Tatsache, dass im Namen des Gottes Jesu Menschen diskriminiert, verfolgt, gefoltert und getötet worden sind. Ulrich Luz meint, „es sei letztlich eine Seite der Verkündigung Jesu selbst, die diese Entwicklung ausgelöst habe"[92]. Er stellt in diesem Zusammenhang ungewohnte und unbequeme Fragen: „Wie verhält sich bei ihm seine Botschaft von Gottes grenzenloser Liebe zu seiner Gerichtsbotschaft? Darf er den Menschen, die er im Namen Gottes grenzenlos liebt, als Gottes Bote mit einem

so ungeheuren Anspruch für sich selbst begegnen, wie er es tut, einem Anspruch, der sie im Grunde genommen vergewaltigen muss, weil er die absolute Liebe im Ablehnungsfall in eine absolute Drohung verwandelt? Liegt die Wurzel des Übels also bereits darin, dass Jesus sich selbst verabsolutierte?"[93]

3.3. Ein Gott der Freude

1. Die Gottesverkündigung Jesu, aber auch ihre Folgen für die Praxis seiner Hörerinnen und Hörer wären allerdings gründlich missverstanden, würde nun der eine Zeit lang zu stark vernachlässigte Aspekt der Gerichtsbotschaft wieder ins Zentrum gerückt. Damit würde der Zuversicht und der Lebensbejahung, der heilenden und befreienden Wirkung, die von Jesu Reden und Handeln ausging, nicht Rechnung getragen. Zu erinnern ist in diesem Zusammenhang an die Rückkehr Jesu aus der Wüste ins fruchtbare Galiläa nach seiner Trennung von Johannes dem Täufer, an seine sprichwörtliche Tischgemeinschaft mit allerlei Leuten, die ihm den Ruf eines „Fressers und Säufers" einbrachte, an die Menschen, die alles zurückließen und sich ihm anschlossen, sowie an seine Zuhörerschaft, die seine Worte als „gute Nachricht" aufnahm.

2. Ein Merkmal des Gottes Jesu ist die Freude. Bereits angetroffen haben wir dieses Stichwort im Gleichnis vom barmherzigen Vater. Wichtig ist die-

se Freude auch in den Gleichnissen vom verlorenen Schaf und von der verlorenen Drachme. Auch in der Rede vom Reich Gottes als Hochzeit oder Festmahl schwingt das Element der Freude mit. Diese lebensbejahende und zuversichtliche Kraft der Gottesverkündigung Jesu zeigt sich auch in seiner Zuwendung zur Schöpfung. Die Vögel des Himmels und die Lilien auf dem Felde, die von selbst wachsende Saat und das Senfkorn, der Regen und der Sonnenschein, ja selbst das Unkraut unter dem Weizen werden im Licht dieser Zuversicht zu Botinnen und Boten der kreativen Liebe, der Sorgfalt und Aufmerksamkeit, der Treue und der unermesslichen Güte Gottes. Die Freude darüber, dass Gottes Reich schon mitten in diesem Leben aufleuchtet und sich bald in seiner Vollgestalt durchsetzen wird, macht Jesus nicht zum Weltverächter, sondern zum Boten der Weltliebe Gottes.

3. Freude ist aber nicht nur ein Merkmal des Gottes Jesu, sondern auch ein Kennzeichen jener, die sich auf diesen Gott einlassen. In Erinnerung zu rufen ist z. B. das Gleichnis vom Schatz: „Mit dem Himmelreich ist es wie mit einem Schatz, der in einem Acker vergraben war. Ein Mann entdeckte ihn, grub ihn aber wieder ein. Und in seiner Freude verkaufte er alles, was er besaß, und kaufte den Acker" (Mt 13,44). Vielleicht – so hat man vermutet – erzählt Jesus hier seine eigene Geschichte: Seine Erfahrung Gottes, die ihm geschenkte Gewissheit, dass Gottes Reich „mitten unter uns" anbricht,

weckte in ihm die Begeisterung, die nötig war, alles zu verlassen und sein ganzes Leben ohne jede Sicherheit und Erfolgsgarantie für diesen „Schatz" einzusetzen. Zugleich ist dieses Gleichnis vom Schatz im Acker ein Gegenstück zum erwähnten Gleichnis vom unbarmherzigen Knecht. Wo die Entdeckung der Güte Gottes wirklich in ihrer ganzen Tragweite erfasst wird, verändert sich Leben wie von selbst: Nicht das Risiko, nicht der Mut, nicht die Entscheidung, nicht die Verzichtbereitschaft, nicht der verlassene Besitz und die zurückgelassene Sicherheit und schon gar nicht die Angst vor den Folgen stehen im Mittelpunkt, sondern die Freude des Finders! Die Kehrseite der Geschichte dieses märchenhaften Fundes bleibt unerwähnt, ist aber unschwer auszudenken: Der Schatz bleibt im Acker, die Chance ist verpasst, statt der Freude bestimmen der gewohnte Gang der Dinge, der Alltag von Preis und Leistung und das Streben nach Sicherheit das Leben. Von diesem Gleichnis her erschließt sich nicht nur das Gottesbild Jesu in überraschender Klarheit, sondern auch sein Lebensstil, die Praxis der Nachfolge und sein Ethos. Wo es um den Schatz im Acker, wo es um das Geheimnis des Lebens geht, wird alles andere zweitrangig: Nicht nur Geld und Sicherheit, Karriere und Ansehen, sondern auch gesellschaftliche Normen und religiöse Gesetze. Wo es darum geht, dem Reich Gottes zum Durchbruch zu verhelfen, verliert alles andere seinen „letzten Wert" und wird relativ.

4. Die Freude am „Schatz im Acker" und die verändernde Kraft, die von dieser Freude an Gott ausgeht, ist alles andere als harmlos. Die Relativierung von Geld und Besitz, von Arbeit und Sicherheit, von gesellschaftlicher Wohlanständigkeit und religiöser Tradition, die nicht primär verkündet, sondern im Alltag der Jesusbewegung gelebt wurde, ist subversiv und bedroht jene, die von den herrschenden Verhältnissen und geltenden Ordnungen profitieren. Ein anschauliches Bild für diesen subversiven, das Gewohnte für manche bedrohlich verändernden Charakter der Gottesverkündigung Jesu ist das Gleichnis von der brotbackenden Frau: „Womit soll ich das Reich Gottes vergleichen? Es ist wie der Sauerteig, den eine Frau unter einen großen Trog Mehl mischte, bis das Ganze durchsäuert war" (Lk 13,20–21). Diese Gefahr wurde von den Vertretern von Recht und Ordnung, Fleiß und Pflichterfüllung, Leistung und Arbeit, Anstand und Frömmigkeit erkannt und sie ließen es nicht darauf ankommen, dass der ganze Teig, die ganze Gesellschaft vom Sauerteig erfasst und verwandelt würde. Aus Diskussion und Konfrontation wurden Feindschaft und Konflikt. Und als Jesus sich gar anmaßte, seine Gottesbotschaft nach Jerusalem, ins religiöse, wirtschaftliche und politische Zentrum der jüdischen Gesellschaft, zu bringen, kam es zur Eskalation. Man machte „kurzen Prozess" mit ihm in der Hoffnung, die weitere Ausbreitung des „Sauerteigs" zu verhindern. Für den „Schatz", den er gefunden und an dem er die Frauen und Männer in

seinem Umfeld hatte teilhaben lassen, bezahlte Jesus einen hohen Preis: Er ging dafür in den Tod.

5. Wie Jesu Freude ist auch sein Gehorsam verwurzelt in einem abgrundtiefen Vertrauen in die liebende Nähe Gottes, deren tiefster Ausdruck die von ihm bevorzugte Gottesanrede „Abba, Vater" ist. Diesen Vater ruft er auch in der Stunde der Angst und der Anfechtung an, weshalb nach dem Zeugnis des Markusevangeliums ausgerechnet der Gekreuzigte für den heidnischen Hauptmann zum Anlass für das Bekenntnis wird: „Dieser Mensch war Gottes Sohn" (Mk 15,39).

4. Die Macht ohnmächtiger Liebe

1. Der Tod Jesu und die unzähligen, oft qualvollen Tode all jener, die auf den gütigen Gott Israels und auf die Barmherzigkeit des himmlischen Vaters vertraut haben, sind die schärfste und tiefste Infragestellung seiner Gottesbotschaft. Angesichts von Karfreitag, angesichts der Shoah und angesichts aller anderen Grausamkeiten, die Menschen einander antun, von der „Zärtlichkeit Gottes" zu sprechen, scheint unmöglich. Wie viel naheliegender ist da die Rede von seinem „Zorn"! All die Worte vom Berge versetzenden Glauben, von Feindesliebe und Gewaltverzicht, vom „himmlischen Vater, der weiß, was ihr braucht" und vom Reich Gottes, das „mitten unter uns" ist – halten sie dem stand? Ist es an-

gesichts des Schreckens der Welt und des Lebens – entgegen landläufigen Vorstellungen – nicht viel schwieriger, ja geradezu unmöglich, an einen „lieben Gott" zu glauben als an einen „strafenden" oder zumindest einen, „der sein Antlitz verbirgt" und sich im Dunkel der Ewigkeit unserem Zugriff entzieht?

2. Eine vorschnelle Antwort auf diese Frage, welche „nach Auschwitz" zu *der* Rückfrage an die Gottesverkündigung Jesu schlechthin geworden ist, wäre zynisch, verantwortungs- und respektlos gegenüber den Opfern unmenschlicher Brutalität und auch gegenüber Jesus selbst. Johann Baptist Metz hat christliche Theologie immer und immer wieder davor gewarnt, sich hinter dem Rücken der Opfer mit Gott zu versöhnen. Und auf die Frage, ob es denn für uns Christen nach Auschwitz noch Gebete geben könne, hat er geantwortet: „Wir können *nach* Auschwitz beten, weil auch *in* Auschwitz gebetet wurde"[94].

3. Ähnliches würde ich auch im Blick auf den Gott Jesu nach Karfreitag formulieren: Wir können an Jesu Vision vom Reich Gottes nach Karfreitag nur festhalten, weil auch er angesichts des Todes daran festgehalten und seinen Freundinnen und Freunden beim Abschiedsmahl zugesagt hat: „Ich werde nicht mehr von der Frucht des Weinstocks trinken bis zu dem Tag, an dem ich von neuem davon trinke im Reich Gottes" (Mk 14,25). Und wir können zum

nahen Gott Jesu nach Karfreitag und angesichts aller Karfreitage der Weltgeschichte und unseres eigenen Lebens nur beten, weil auch er den fern-nahen Gott in der Stunde seines Todes angerufen hat: „Mein Gott, mein Gott, warum hast du mich verlassen!" (Mk 15,34).

4. Die Evangelien, die uns von Jesu Gottesverkündigung erzählen und an seine Gleichnisse von Gottes Reich und seine Zeichenhandlungen von Gottes heilender, aber auch kämpferischer Liebe erinnern, verbinden sie mit dem Leidens- und Kreuzweg Jesu, an dem vorbei kein Weg zur Auferstehung führt. Damit wehren sie ein verharmlosendes oder auch ein triumphalistisches Verständnis des Glaubens an die Liebe Gottes ab. Die Zärtlichkeit des Gottes Jesu kommt nicht jenseits der Not der Armen zum Zuge und provoziert dort, wo Menschen aus ihr heraus leben, den Zorn der Mächtigen. Auch nach Ostern ist Jesu Vision vom Reich Gottes nicht „die Antwort auf all unsere Fragen", sondern behält die Gestalt des „Senfkornes", das es zu entdecken, und des „Sauerteiges", den es mit unserem Leben zu durchmischen gilt, „bis das Ganze durchsäuert ist" (Lk 13,18–21).

5. Je länger ich – mit offenen Augen für den Schrecken der Welt – bei Jesu Gleichnissen und Taten vom Reich Gottes verweile, desto klarer wird mir, wie sehr wir sie brauchen – als Bilder und Zeichen, die unsere Sehnsucht nähren. Es sind Bilder, die uns

in unserem Einsatz für eine lebenswerte Welt bestärken, die uns mit Frauen und Männern über Raum und Zeit verbinden, die ähnliche Träume haben, die uns ankämpfen lassen gegen die lähmende Resignation in uns und um uns herum, die hellhörig machen für den Schrei nach Leben und Befreiung. Zugleich sind es auch Bilder, die uns warnen vor Machbarkeitswahn und eigenen Allmachtsphantasien: Nicht wir, nicht unsere Arbeit, nicht unsere Kirche, nicht unser Engagement, unsere Kämpfe, unsere Leistungen und unsere Konzepte sind es, die das Reich Gottes in seiner Vollgestalt herbeiführen. Der Baum, in dessen Zweigen die Vögel des Himmels nisten, und das Brot, das jeden Hunger stillt, waren für Jesus, und sind erst recht für uns, Sache Gottes – und Gott ist Gemeinschaft, ist Geschwisterlichkeit, ist Gerechtigkeit, ist Macht-in-Beziehung, ist Liebe, ist Solidarität und Widerstand, ist Geschenk, ist Gnade und Anspruch, ist Wunder, ist Überraschung, ist Vergebung, ist Freiheit, ist Zärtlichkeit und Zorn, ist Nähe – und ist in all dem das Geheimnis der Welt.

Walter Gross

„Ich schaffe Finsternis und Unheil" (Jes 45,7) – Die dunkle Seite Gottes

Sie haben mich zu einem hochbedeutsamen und schwierigen Thema, zu unverzichtbaren und doch seit langem vernachlässigten Aspekten unseres biblischen Gottesbildes, richtiger: unserer biblischen Gottesbilder zu sprechen eingeladen. Ich werde es tun, indem ich nach Vorbemerkungen Ihnen drei alttestamentliche Texte vorstelle und eine sehr kurze abschließende Reflexion formuliere. Der erste Text, der im Titel meines Vortrages genannt ist, bezieht sich auf die *Zukunft* des Gottesvolkes, der zweite auf die *Vergangenheit* des Gottesvolkes, der dritte auf die *Gegenwart* eines leidenden Beters. Durch diese Reihung möchte ich von Anfang an Ihre Aufmerksamkeit darauf lenken, dass das Alte Testament vornehmlich aus der Warte der Erfahrungen der Gemeinschaft, nicht des Individuums mit Gott Gottesbilder schafft.

1. Vorbemerkungen

Ihre Reihe hat begonnen mit einem Vortrag über das Bilderverbot. Das alttestamentliche Bilderverbot bezieht sich ursprünglich nicht auf beliebige visuell wahrnehmbare Bilder YHWHs, sondern auf Kultstatuen; auch als es umfassend ausgeweitet wurde, war es nicht etwa mit der Geistigkeit, gar Unsichtbarkeit Gottes begründet, sondern es sollte Gottes Einzigkeit, Einzigartigkeit und Unverfügbarkeit schützen. Es ging überraschenderweise einher mit einer unglaublichen Freiheit in der Ausbildung sprachlicher Gottesbilder, metaphorischer Rede von Gott. Auch die unreduzierbare Vielheit, ja die Unvereinbarkeit sprachlicher Gottesbilder schützt die Einzigkeit und Unverfügbarkeit Gottes. Im zweiten Vortrag Ihrer Reihe war unter anderem vom Zorn Gottes die Rede. Dieses Motiv in seiner alttestamentlichen Ausprägung steht im Zentrum des zweiten unserer drei Texte. Wir greifen somit mehrere Fäden auf und verknüpfen sie neu.

Der Mensch kann von Gott nur sprechen, indem er Ungöttliches von ihm aussagt, denn alle unsere Kategorien sind der erschaffenen Gegenstandswelt entnommen. Daher kann keine Aussage Gott wirklich treffen, schon gar nicht kann sie ihn umfassend ins Wort bringen. Unsere Gottesaussagen sind auch deswegen stets perspektivisch und partiell, weil sie nicht Gott selbst, sondern von Menschen je und je gemachte Gotteserfahrungen formulieren, allerdings in der Überzeugung, Gott nicht ganz zu verfehlen. Dazu sind Sprach*bilder* besonders geeignet: Sie sind konkret, begrenzt und meist vielfältig ausdeutbar.

Kein Sprachbild ist umfassend gemeint, aber im Moment der Rede füllt allein der darin gestaltete Aspekt das Bewusstsein mit Ausschließlichkeit. Es kommt daher darauf an – und ich möchte Sie im Folgenden dazu ermuntern –, sich dem jeweiligen Bild auszuliefern und nicht ständig mit anderen Bildern dazwischenzureden. Semitische Denk- und Sprechweise, wie sie unsere zweigeteilte christliche Bibel prägt, ist nicht systematisch, sie sucht nicht die ausgleichende Synthese in der Mitte, sondern sie kreist ihren Gegenstand ein, indem sie viele Teilbilder vor Augen stellt und als solche bestehen lässt. Andersherum gesagt – und hier kommt doch auch auf dieser Ebene das Bilderverbot wieder ins Spiel: Die Bibel gibt die Anweisung: Macht euch nicht ein einziges sprachliches Bild von Gott, sondern viele, sehr viele, ganz unterschiedliche, und lernt aus dieser Vielfalt, dass ihr jedes, aber auch jedes Gottesbild – auch die vermeintlich „positiven" und „hellen" – zerbrechen müsst, wenn ihr nicht bei einem Götzen als eurem Ebenbild stehen bleiben, sondern auf dem Weg in das Geheimnis des lebendigen Gottes hinein fortschreiten wollt.

Noch einmal also die Ermunterung: Lassen Sie sich, wenn wir nun die drei Texte anschauen, jeweils vorbehaltlos, ungeteilt auf das jeweilige, eher dunkle Gottesbild ein in der Gewissheit, dass jedes der drei Bilder ganz von Gott zu sprechen, aber nicht Gott in seiner Gänze auszusagen beansprucht und dass unser vielgestaltiger Kanon ohnehin nicht erlaubt, irgendeines dieser Gottesbilder absolut zu setzen, freilich auch nicht, irgendeines von ihnen nach je wechselndem Gusto auszuscheiden. Diese Gottesbilder soll man nicht zensieren, sondern verstehen und durch sie hindurch Gott anzielen.

2. Jesaja 45,7: YHWH – der Schöpfer der ganzen Wirklichkeit

Vielfältig wird in der Bibel von der Schöpfung gesprochen; stets in der Überzeugung, dass zu sein besser ist als nicht zu sein und dass die Möglichkeit erfüllten Lebens nicht einfach vorhanden ist, sondern Gott verdankt wird. Meist kommt daher die Schöpfung im Preis des Schöpfers zur Sprache, und das Werk des Schöpfers gilt als gut, wenn auch nicht als ungefährdet. Jes 45,7 fällt in diesem Konzert als extreme Stimme auf, so extrem, dass sie wohl nicht als Rede *über* Gott, kaum als Rede *zu* Gott, sondern nur als Rede Gottes von sich selbst möglich ist. Man kann die Rederollen der Bibel nicht einfach austauschen. Ein Grund für die Ödnis vieler heutigen Dogmatiken liegt wohl darin, dass sie sämtlich Rede über Gott sind; noch Augustinus hatte z. B. wichtige Glaubensaussagen im Gebet, in Rede zu Gott gewagt. Hier ist es Rede Gottes selbst.

45,5: *Ich bin YHWH
und keiner sonst;
außer mir gibt es keinen Gott.
Ich gürte dich,
aber du kennst mich nicht;*
45,6: *damit man erkennt vom Aufgang der
Sonne und von ihrem Niedergang,
dass keiner außer mir existiert:
Ich bin YHWH
und keiner sonst,*
45,7: *der gebildet hat das Licht
und erschaffen hat die Finsternis,
der gemacht hat Heil
und erschaffen hat Unheil.
Ich bin YHWH, der gemacht hat all dies.*

Schauen wir zunächst auf Vers 7. Er spricht fünfmal vom erschaffenden Handeln YHWHs und gebraucht drei unterschiedliche Verben: das unspezifische „Machen" in 7c: *der gemacht hat Heil* und in 7e: *der gemacht hat all dies*; das vom Töpferhandwerk entliehene „bilden" in 7a: *der gebildet hat das Licht* und den theologischen Terminus technicus, der YHWH allein vorbehalten bleibt: „erschaffen" in 7b: *der erschaffen hat die Finsternis* und in 7d: *der erschaffen hat Unheil*. Schon die Wahl der Verben macht klar: Innerhalb der beiden Satzpaare 7ab und 7cd liegt der Nachdruck auf dem je zweiten Teil. Das war ja bisher auch nicht gehört worden in Israel, dass YHWH Finsternis und Unheil erschaffen habe. Licht und Finsternis, Heil und Unheil sind polare Gegensätze und umschreiben als solche durch die Extrempunkte jeweils die gesamte Wirklichkeit; das betont der abschließende Satz 7e: *Ich bin YHWH, der gemacht hat all dies*.

YHWH behauptet somit, die gesamte Wirklichkeit – unter spezieller Betonung ihrer negativen Aspekte – sei aus seiner Schöpferhand hervorgegangen. Warum macht er diese seltsame Aussage? Der engere hier zitierte Kontext gibt uns zwei Hinweise; sie treten Ihnen noch deutlicher vor Augen, wenn Sie das größere Textstück Jes 44,24–45,8 nachlesen. Es steht in dem Komplex Jes 40–55, der von einem exilischen Propheten des ausgehenden 6. Jh. stammt, den wir, da wir seinen Namen nicht kennen, seine Worte aber an die Worte des Jerusalemer Propheten Jesaja aus dem 8. Jh. angehängt vorfinden, II-Jesaja nennen; innerhalb der Worte II-Jesajas gehört es genauerhin zum sog. Kyros-Orakel.

Erster Hinweis: Bei II-Jes wird erstmals aus der Mono*latrie*, der Alleinverehrung YHWHs, dem Alleinverehrungsanspruch YHWHs der Mono*theismus*, die theoretische Bestreitung der Existenz anderer Götter. Der Gedanke ist noch ungewohnt, schwierig zu fassen, in einer durch und durch von polytheistischer Weltdeutung durchdrungenen Sprache kaum ausdrückbar. So beweist bei II-Jes YHWH den Göttern wie anwesenden Gegnern, dass es sie überhaupt nicht gibt. Er behauptet seine Einzigkeit. So auch hier: 45,5a–c: *Ich bin YHWH und keiner sonst; außer mir gibt es keinen Gott*. Und 6a–d: *damit man erkennt vom Aufgang der*

Sonne und von ihrem Niedergang, dass keiner außer mir existiert: Ich bin YHWH und keiner sonst.

Die Einzigkeit Gottes hat freilich ihren theologischen Preis. Dann ist dieser eine, einzige Gott auch für alles verantwortlich. Man kann nicht mehr das Lebensfördernde der Welt dem guten Schöpfergott, das Lebensfeindliche seinem göttlichen Gegner oder den Tücken der ihm beim Erschaffen vorgegebenen Größen zuweisen. Man kann höchstens – und das hat die Theologie zumeist getan – dem Menschen möglichst viel nachträgliche Schuld daran zuschieben. Das wäre aber hier wenig tauglich, weil YHWH ja seine Macht gegenüber der Machtlosigkeit aller angeblichen Götter erweisen will. So übernimmt er hier die Verantwortung für die Wirklichkeit in all ihren Facetten; für die von Leben wie Tod gezeichnete Natur: *der gebildet hat das Licht und erschaffen hat die Finsternis*; für die von Gelingen wie Katastrophen erfüllte Weltgeschichte: *der gemacht hat Heil und erschaffen hat Unheil*. Nicht auf die Differenzen, auf die Totalität kommt es an, infolge deren für keinen anderen Gott mehr irgendein Zuständigkeitsbereich übrig bleibt: *Ich bin YHWH, der gemacht hat all dies.*

Zweiter Hinweis. Zu wem spricht YHWH dies? 45,5de: *Ich gürte dich, aber du kennst mich nicht.* Er spricht es, wie der nähere Kontext ausweist, zu Kyros. Kurz zur Redesituation des Propheten: Der neubabylonische Großkönig Nebukadnezar hatte Jerusalem endgültig zerstört und die Oberschicht nach Babylonien in das Exil geführt. Darüber ist nahezu ein halbes Jahrhundert hingegangen. Inzwischen haben sich an den Rändern des Reiches die Meder, dann die Perser gerührt. Der Perser Kyros ist nach Erfolgen in Kleinasien dabei, das neubabylonische Reich zu zerstören. In dieser Situation sagt der Prophet II-Jes kurz vor 539 v. Chr. an: (1) YHWH selbst wird die Exulanten feierlich und öffentlich nach Jerusalem und Juda zurückführen. (2) Um das zu verwirklichen, wird er den Perser Kyros die Hauptstadt Babylon erobern und viele Völker unterwerfen lassen. Das war nicht nur gefährlich – wenn das vierte Gottesknechtslied Jes 53 tatsächlich ursprünglich den Propheten II-Jesaja gemeint haben sollte, ist er deswegen von den Neubabyloniern hingerichtet worden –, es war auch unglaubwürdig. Kyros, der kommende Weltherrscher, zur Weltherrschaft berufen nicht von dem Gott, in dessen Namen er ins Feld zog, sondern von dem ihm völlig unbekannten Nationalgott der exilierten Judäer!

In dem Spruch, den wir nur im Ausschnitt betrachten, hören die Exulanten durch die Stimme ihres Propheten, wie YHWH zu Kyros spricht: *Ich gürte dich, aber du kennst mich nicht*. YHWH lässt die Exulanten dies hören, weil er um ihren Glauben, um ihr Vertrauen auf eine Zukunft mit YHWH kämpft. Für ihre Ohren begründet er doppelt seinen Anspruch. (1) Ich bin der einzige Gott, daher besitze ich die Macht hierzu; ich leite die Weltgeschichte. *Ich bin YHWH und keiner sonst; außer mir gibt es keinen Gott*. (2) Meine Macht ist unbegrenzt. Wenn ich alles, sogar die Finsternis und das Unheil, erschaffen habe, untersteht mir auch alles, selbst der Großkönig Kyros. Meine Macht zum Heil, zum Guten ist unbegrenzt, weil überhaupt alles, selbst das Unheil und das Übel, von mir erschaffen ist. Dass YHWH die negativen Größen erschaffen hat, wird also zwar uneingeschränkt behauptet und sogar, weil ungewohnt, sprachlich hervorgehoben, ist aber nicht das eigentliche Aussageziel des Propheten in diesem Kontext des Kyros-Orakels.

Letzte Frage zu diesem ersten Text: Spricht der Prophet hier von der dunklen Seite Gottes? Ist dies gar ein dunkles Gottesbild? Seien wir vorsichtig mit derartiger metaphorischer Redeweise, die emotionalen Eintragungen fast unkontrolliert offen steht. Wenn schon, dann ist dies hier nach Intention des Propheten und Verständnis seiner Adressaten ein ganz helles Gottesbild, denn es gibt ihnen Hoffnung auf die eigene Befreiung. Ein helles Gottesbild, allerdings gemalt mit dem gefährlichen Mittel scharfen Kontrastes. Gefährlich, denn der Maler besitzt keine Kontrolle darüber, ob spätere Betrachter mehr auf die Schatten starren, die doch nach der ursprünglichen Intention des Künstlers nur das Licht umso heller erscheinen lassen sollen. Schon die Qumran-Leute haben gut 300 Jahre später in 7c das Wort *Heil* durch *Gutes* ersetzt; dadurch gewinnt in 7d das parallele Wort statt der Bedeutung *Heil* die Nuance *Böses* und das ganze Satzpaar die bedenkliche Aussage: *Der Gutes gemacht und Böses erschaffen hat.*

Von hier ist es unter den geistesgeschichtlichen Voraussetzungen des spätmittelalterlichen Nominalismus tatsächlich nicht mehr weit zu einem unkalkulierbaren, insofern in Schrecken versetzenden Tyrannen und Willkürgott. Das ist zwar Auslegungs- und Wirkungsgeschichte gegen die Aussageabsicht des biblischen Autors und gegen den Kontext; aber manchmal verrät auch eine biblische bildliche Ausdrucksweise tieferliegende Vorstellungsmuster, die der biblische Autor verschweigt oder gar nicht kennt – oder ein solches Bild aktiviert zumindest in späteren Lesern derartige Vorstellungsmuster. Rede von Gott ist immer eine sprachliche Gratwanderung und immer zumindest potentiell gefährlich.

Die beiden folgenden Texte enthalten tatsächlich dunkle Gottesbilder.

3. Klagelieder 2: YHWH handelt im Zorn an seinem Volk

Kurze Vorbemerkungen zum Motiv des Zornes Gottes. Zorn Gottes ist im *Alten Testament* ein häufiges, im *Neuen Testament* – vor allem bei Paulus und in der Offenbarung des Johannes – ein wichtiges Motiv. Bis über den Beginn der Aufklärung hinaus hat das Bild des zornigen Gottes in *Volksglauben und Predigt* manche anderen biblischen Gottesbilder überschattet; bei Naturkatastrophen von Blitzschlag über Seuche bis Erdbeben und bei politisch-militärischen Desastern war es schnell zur Hand. Die *hohe Theologie* hat es in Randkapitel über die Endzeit und das Weltgericht abgedrängt.

Aus dem Gottesbild der christlichen Theologie ist es von deren Anfang im 2. Jh. an fast völlig verschwunden. Der Philosophengott Markions hat hierin über den Gott der Bibel gesiegt. Die ersten Theologen waren ja im Grunde überwiegend eher Philosophen, die ihrem gebildeten heidnischen Publikum die christliche Lehre schmackhaft zubereiten wollten und bei dieser Gelegenheit viel mehr philosophisches Gedankengut der griechisch-hellenistischen Antike in das Christentum einfließen ließen, als dessen biblischer Basis gut tat.

Stark machte sich dieser Einfluss in der Lehre von den Leidenschaften bemerkbar. „Passiones", *Leiden*schaften, sind nach diesen Konzeptionen nur körperlichen Wesen eigen, da nur Körper, nicht aber geistige Substanzen leiden. Gott aber ist rein geistig, daher können Leidenschaften nicht im unmittelbaren Wortsinn von ihm ausgesagt werden. So wurden auf einen Streich all die biblischen Aussagen über Gottes Freude, Kummer, Zorn, Reue, Lachen, Jubeln in die reine Metaphorik abgedrängt, und es fiel schwer genug, wenigstens Liebe und Barmherzigkeit in gewissen Bestandteilen vor diesem Sog zu bewahren. Noch für Thomas von Aquin begründet z. B. die Liebe Gottes zu den Menschen auf der Seite der Menschen zwar eine reale, auf der Seite des leidens- und veränderungsunfähigen Gottes aber nur eine gedachte Beziehung. Metaphorisch von Gott zu reden aber galt den Gebildeten als peinlich, als Bodensatz unerleuchteter Volksreligion. Besonders gründlich traf dieses Verdikt die Rede vom

Zorn Gottes, da der Zorn zu den am Menschen getadelten „passiones" zählte. Hatte nicht schon Cicero in *De natura deorum* erklärt: *Gott kann niemals zürnen noch schaden*? In diesen Gedankengleisen blieb die abendländische Theologie gefangen.

Damit war ein breiter Strom altorientalischer und alttestamentlicher politischer Theologie und Geschichtstheologie abgeschnitten. Seit ihren sumerisch-akkadischen Anfängen im 3. Jahrtausend hatte nämlich die Rede vom Götterzorn, und seit ihren altägyptischen Anfängen hatte die Rede vom Zorn des Königs ihre Funktion in der *politischen* Theologie. Zorn ist nicht eine emotionale Entgleisung, sondern die unerlässliche Tugend des göttlichen und des irdischen Herrschers angesichts Unrecht und Gewalt; dieser Zorn ist ein wichtiger Motor, er treibt Gott und König an, den Gewalttätern zu widerstreiten. Das hat Laktanz aus typisch römischer Perspektive im 4. Jh. in seiner Schrift *De ira Dei* noch gewusst und in seiner leider folgenlos gebliebenen Verteidigung der biblischen Rede vom Zorn YHWHs so formuliert: *Wo es keinen Zorn gibt, gibt es auch keine Herrschaft. Gott hat aber die Herrschaft inne. Also muss er auch Zorn, durch den Herrschaft besteht, haben ... Wenn nämlich Gott den Gottlosen und Verbrechern nicht zürnt, dann freilich liebt er auch nicht die Frommen und Gerechten.*

Wir greifen einen Text heraus, der das Bild des zornig handelnden YHWH auch für alttestamentliche Verhältnisse auf extreme Weise entfaltet: das zweite der sog. Klagelieder des Jeremia. Es stammt nicht von Jeremia. Es steht der Katastrophe von 587 zeitlich sehr nahe und spricht zu YHWH angesichts der Zerstörung Jerusalems, des Tempels und des Endes des Königtums. Jeder kannte damals die politischen und militärischen Umstände. Der letzte König Jerusalems hatte sich politisch verschätzt. In dem Dauerkonflikt zwischen der mesopotamischen und der ägyptischen Großmacht hatte er, der Vasall des neubabylonischen Großkönigs Nebukadnezar, auf die falsche, die ägyptische Karte gesetzt. Ägypten hatte ihn im Stich gelassen, der Zorn Nebukadnezars traf den aufrührerischen Vasallen furchtbar, die Soldateska hauste plündernd, mordend und brennend schrecklich in den Trümmern Jerusalems. All das wussten die, die in dem akrostichischen Lied Klgl 2 zu Wort kommen; es ist ihre eigene unmittelbare Erfahrung. Und doch sagen sie zu YHWH etwas ganz anderes.

Klagelied 2:

1: *Wie umwölkt mit seinem Zorn der Herr die Tochter Zion! Er schleuderte vom Himmel zur Erde die Pracht Israels. Und nicht hat er gedacht des Schemels seiner Füße am Tag seines Zorns.*
2: *Schonungslos hat der Herr vernichtet alle Fluren Jakobs. Niedergerissen hat er in seinem Grimm die Burgen der Tochter Juda,*

zu Boden gestreckt, entweiht das Königtum und seine Fürsten.
3: *Zerschlagen hat er in der Glut (seines) Zornes jedes Horn Israels. Er zog seine Rechte zurück angesichts des Feindes und brannte in Jakob wie flammendes Feuer, ringsum alles verzehrend.*
4: *Er spannte den Bogen wie ein Feind, stand da, erhoben die Rechte. Wie ein Gegner erschlug er alles, was das Auge erfreut. Im Zelt der Tochter Zion hat er wie Feuer seine Wut ausgegossen ...*
6: *Er zertrat wie einen Garten seine Wohnstadt, zerstörte seinen Festort. Vergessen ließ YHWH auf Zion Festtag und Sabbat, und er hat verschmäht in der Verwünschung seines Zorns König und Priester ...*
14: *Deine Propheten schauten dir Lug und Trug.*
Und nicht haben sie aufgedeckt deine Schuld, um dein Schicksal zu wenden (bzw.: so dass sie dein Schicksal gewendet hätten) ...
17: *Getan hat YHWH, was er ersonnen hat.*
Vollbracht hat er sein Wort,
das er von den Tagen der Vorzeit her befohlen hat.
Niedergerissen hat er ohne Erbarmen.

18: *Schrei laut zum Herrn, stöhne, Tochter Zion!*

> *Wie einen Bach lass fließen die Tränen Tag und Nacht!*
> *Niemals gewähre dir Ruhe, nie lass dein Auge rasten!*

19: *Steh auf, klage bei Nacht, zu jeder Nachtwache Anfang!*
Schütte aus wie Wasser dein Herz vor dem Angesicht des Herrn!
Erhebe zu ihm die Hände für deiner Kinder Leben,
die vor Hunger verschmachten an den Ecken der Straßen.

20: *Sieh, YHWH, und schau her!*
An wem hast du so gehandelt?
Dürfen Frauen ihre Frucht essen, die liebevoll gehegten Kinder?
Dürfen Priester und Prophet im Heiligtum des Herrn getötet werden?

21: *Es liegen auf dem Boden der Straßen Knabe und Greis.*
Meine Jungfrauen und jungen Männer sind durch das Schwert gefallen.
Du hast am Tag deines Zorns getötet.
Du hast geschlachtet, schonungslos.

22: *Du hast wie zum Festtag meine Schrecken von rings her gerufen,*
Und nicht gab es am Tag des Zornes YHWHs einen Geretteten oder Entronnenen.
Die, die ich gepflegt und großgezogen hatte – mein Feind hat sie vernichtet.

Das Lied zerfällt in drei Teile. Leitwort der Teile 1+3 ist Zorn YHWHs. Mit dem „Tag des Zorns YHWHs" beginnt und endet das Lied. 2,1: *Nicht dachte er (YHWH) an den Schemel seiner Füße am Tag seines Zorns*; 2,21: *Du hast am Tag deines Zorns getötet*. 2,22: *Am Tag des Zornes YHWHs gab es keinen, der entkam und entrann*. In allen drei Teilen wird gesagt, YHWH habe „schonungslos" gehandelt (2,2.17.21): Das ist und bleibt bis zum Schluss die trostlose Diagnose.

Der große erste Teil 2,1–12 ist nicht Feindklage oder Untergangsklage, er ist Gottesklage: YHWH ist in fast allen Sätzen Subjekt; persönlich, wenn auch mittels der Feinde, hat er Land, Stadt, Palast und Tempel vernichtet. Die einschlägigen Sätze mit Zorn lauten:

1: *Wie umwölkt mit seinem Zorn der Herr die Tochter Zion! Er schleuderte vom Himmel zur Erde die Pracht Israels. Und nicht hat er gedacht des Schemels seiner Füße am Tag seines Zorns.*
2: *Schonungslos hat der Herr vernichtet alle Fluren Jakobs. Niedergerissen hat er in seinem Grimm die Burgen der Tochter Juda, zu Boden gestreckt, entweiht das Königtum und seine Fürsten.*
3: *Zerschlagen hat er in der Glut (seines) Zornes jedes Horn Israels. Er zog seine Rechte zurück angesichts des Feindes und*

> *brannte in Jakob wie flammendes Feuer, ringsum alles verzehrend.*
>
> 4: *Er spannte den Bogen wie ein Feind, stand da, erhoben die Rechte. Wie ein Gegner erschlug er alles, was das Auge erfreut. Im Zelt der Tochter Zion hat er wie Feuer seine Wut ausgegossen.*
>
> 6: *Er zertrat wie einen Garten seine Wohnstadt, zerstörte seinen Festort. Vergessen ließ YHWH auf Zion Festtag und Sabbat, und er hat verschmäht in der Verwünschung seines Zorns König und Priester.*

Der Zorn YHWHs wird hier nicht begründet, sondern erfahren: YHWH wird im Modus seines alles ohne Unterschied zermalmenden Zornes erfahren. Diese Erfahrung – die natürlich bereits in hohem Grad Deutung ist – wird konstatiert. Nur im Zorn kann YHWH darauf verfallen sein, seinen Zion, seine Priester, seinen Tempel, damit auch allen ihm gewidmeten Kult zu zerstören. Wie kann die Tochter Zion darauf reagieren?

Sie kann erstens versuchen, YHWH zu verstehen. Zwei zaghafte Versuche unternimmt der zweite Teil 2,13–19. Der Sprecher nennt als Erklärung die vorausgegangene Falschprophetie, die bodenlose Heilsprophetie:

> 14a: *Deine Propheten schauten dir Lug und Trug.*

Der Sprecher will aber letztlich auf die Schuld der Tochter Zion hinaus, denn die entscheidende Folge der Falschprophetie sind nicht etwa politische Fehlerwartungen, sondern:

> 14b: *Und nicht haben sie aufgedeckt deine Schuld, um dein Schicksal zu wenden (bzw.: so dass sie dein Schicksal gewendet hätten).*

Wenn die Propheten der Tochter Zion die Augen über ihre Schuld geöffnet hätten, hätte diese somit sachgemäß reagieren und auf diese Weise die Katastrophe abwenden können. Die Schuld der Tochter Zion bildet zumindest einen Teilgrund, einen Teilauslöser des göttlichen Zornes; er wird aber nicht explizit damit begründet. Auch wird dieses Motiv nicht mehr aufgegriffen und steht in nur undeutlichem Zusammenhang mit der Gedankenführung des V. 17:

> 17: *Getan hat YHWH, was er ersonnen hat.*
> *Vollbracht hat er sein Wort,*
> *das er von den Tagen der Vorzeit her befohlen hat.*
> *Niedergerissen hat er ohne Erbarmen.*

Unter dem in Vorzeiten befohlenen Wort versteht der Sprecher wahrscheinlich die vorexilische Gerichtsprophetie, vielleicht auch Flüche nach Dtn 28*, ohne deren Vorarbeit und fortdauernden Einfluss diese theozentrische Deutung der Katastrophe Jerusalems tatsächlich nur schwer denkbar erscheint. So verstanden, ist dies die zweite Anspielung auf die Schuld der Tochter Zion, wenn auch dieser Aspekt hier nicht im Vordergrund steht.

Daraus ergibt sich eine erste sehr wichtige Beobachtung: Dass YHWH einen längst ersonnenen und seinem Volk auch seit Vorzeiten mitgeteilten Plan ins Werk setzt und dass er diesen Plan in höchstem Zorn realisiert und dass Ursache dieses Zorns – im Sinne des seit Vorzeiten befohlenen Wortes – zumindest auch die jüngste Schuld des Volkes ist, bildet für den Sprecher keinen Widerspruch. Daher sollte man das Adjektiv „blind(wütig)", das eher unserer heutigen Sicht von Zornesausbrüchen entstammt, in diesem Zusammenhang meiden.

Im dritten Teil 2,20–22 tut die Tochter Zion das einzige, was ihr zu tun übrig bleibt und was der Sprecher ihr in 2,18–19 anrät:

18: *Schrei laut zum Herrn, stöhne, Tochter Zion!*
Wie einen Bach lass fließen die Tränen Tag und Nacht!
Niemals gewähre dir Ruhe, nie lass dein Auge rasten!
19: *Steht auf, klage bei Nacht, zu jeder Nachtwache Anfang!*
Schütte aus wie Wasser dein Herz vor dem Angesicht des Herrn!

> *Erhebe zu ihm die Hände für deiner Kinder Leben,*
> *die vor Hunger verschmachten an den Ecken der Straßen.*

Dementsprechend wendet sich nun die Tochter Zion an den Gott, der sie in seinem Zorn vernichtet hat. Aber sie greift keinen Gedanken des Mittelteils auf, weder YHWHs seit Urzeiten bekannten Plan noch die eigene, inzwischen (an)erkannte Schuld; auch bittet sie nicht etwa um Schonung oder Wiederherstellung, zumindest nicht explizit. Sondern sie bezieht sich auf den ersten Teil, verschärft ihn und klagt YHWH an, nicht zwar wegen seines Wütens, aber wegen, so sieht sie es, des Übermaßes, des Exzesses seines Zornes:

> 20: *Sieh, YHWH, und schau her!*
> *An wem hast du so gehandelt?*
> *Dürfen Frauen ihre Frucht essen, die liebevoll gehegten Kinder?*
> *Dürfen Priester und Prophet im Heiligtum des Herrn getötet werden?*
> 21: *Es liegen auf dem Boden der Straßen Knabe und Greis.*
> *Meine Jungfrauen und jungen Männer sind durch das Schwert gefallen.*
> *Du hast am Tag deines Zorns getötet.*
> *Du hast geschlachtet, schonungslos.*
> 22: *Du hast wie zum Festtag meine Schrecken von rings her gerufen,*

*Und nicht gab es am Tag des Zornes YHWHs einen Geretteten oder Entronnenen.
Die, die ich gepflegt und großgezogen hatte – mein Feind hat sie vernichtet.*

Das ist massive Anklage Gottes! Was „Anklage Gottes" in solchem Kontext meint, verdeutlicht der Alttestamentler Claus Westermann: Die Anklage Gottes ist „die an Gott gerichtete, zu ihm hin erhobene Klage, nicht aber eine Beschuldigung oder Anschuldigung Gottes, weil Beschuldigung ein Vorgang vor einem Forum (etwa einem Gericht) wäre, was hier ausgeschlossen ist … Eine Anklage Gottes begegnet in den Texten des Alten Testaments dort, wo ein Mensch oder eine Gemeinschaft von Menschen das Leid, das sie betroffen hat, nicht mehr begreifen, d. h. wo sie es nicht als Wirken Gottes begreifen können, wo es ihnen als Wirken ihres Gottes unbegreiflich geworden ist … Damit, dass es [das Unbegreifliche] vor Gott zur Sprache kommt, bleibt es doch innerhalb der Gottesbeziehung des Leidenden, wenn auch nur so, dass er es Gott vorwirft."

Klgl 2 ist somit die Klage vor und die Anklage gegen YHWH wegen seines unverhältnismäßig grausamen Vorgehens gegen das Land Juda und die Stadt Jerusalem. Als Verständnisansätze für YHWHs vernichtendes Handeln werden einerseits die Schuld des Volkes, andererseits YHWHs längst ersonnener Plan, den er durch die Gerichtspropheten seit langem veröffentlicht hatte, genannt, ohne dass die

Tochter Zion sie sich aber zu eigen machte. Das Motiv des Zornes, bereits von den neusumerisch-altbabylonischen Stadtklagen vertraut, tritt hier besonders geballt auf und verdeutlicht den Aspekt der Unverhältnismäßigkeit.

Ich fasse die Beobachtungen zu diesem zweiten Text zusammen und gehe etwas über ihn hinaus. Ich habe einen Text ausgesucht, in dem YHWHs Zorn nicht gegen mörderische Feinde seines Volkes, nicht gegen überhebliche Verbrecher, also auch nicht zugunsten unschuldig Verfolgter oder eines über die Maßen gedemütigten Volkes ausbricht, sondern in dem der Zorn YHWHs sein eigenes Volk ereilt. Ich habe darüber hinaus einen Text gewählt, in dem – und hierin gehört er zu einer Minderheit alttestamentlicher Texte – der Zorn YHWHs nicht explizit durch die Schuld des Volkes begründet und schon gar nicht hierdurch gerechtfertigt wird. Ich habe somit einen Text vorgestellt, dessen Gottesbild uns besonders stark irritiert; ich habe das getan, damit wir uns nicht vorschnell mit scheinbar plausiblen Motivationen zufrieden geben, damit wir seine Aussage nicht verharmlosen und weil mir dieser Text in das Zentrum der Gottesbeziehung Israels zu führen scheint.

Im Grunde gehört auch dieser Text Klgl 2 in die religiöse Linie, die schließlich den Durchbruch zum Monotheismus bewirkt hat, zum kostbarsten Erbe, das Israel an uns Christen und an den Islam weitergereicht und das es für uns erkämpft und erlitten hat. Aus diesem Kampf und aus diesem Erleiden bezieht der biblische Monotheismus seine Kraft; ohne diese denaturiert er zu einer pseudophilosophischen Allerweltsmeinung.

Vielleicht kann man den zugrunde liegenden Gedankengang so rekonstruieren: YHWH ist der Herr der Geschicke seines Volkes; um es zur Rechenschaft zu ziehen, bedient er sich auch fremder Völker und mächtiger Reiche. Das sagt bereits im 8. Jh. Jesaja in Jerusalem. Wenn das Volk und/oder seine Führung gegen YHWHs Weisungen verstoßen, erregen sie den Zorn YHWHs; es ist der Zorn des Herrschers über die Störung seiner Herrschaft und der durch sie garantierten Ordnung. Bezüglich der Gefährdung, dann des Untergangs zuerst des Nordreichs, dann Judas mit Jerusalem benennen unterschiedliche Propheten, zuletzt Jeremia und Ezechiel, aber auch deuteronomisch-deuteronomistische und priesterliche Theologen ganz verschiedene Weisungen, gegen die ihrer Ansicht nach verstoßen wurde. Im Umkehrschluss – und speziell im Blick auf die Heilspropheten, die im Alten Testament nur am Rande erwähnt werden, weil sie Falsches im Namen YHWHs gekündigt hatten – muss der Untergang Jerusalems seine Hauptursache nicht in der Machtpolitik Nebukadnezars, sondern im Zorn YHWHs haben; nur so bleibt YHWH der Herr des Schicksals seines Volkes.

Kurz nach der Katastrophe fragen die Betroffenen in Jerusalem nicht nach der Art ihrer Verfehlungen. Sie erkennen sie lediglich nebenbei an: 2,14: *Deine Propheten schauten dir Lug und Trug. Und nicht haben sie aufgedeckt deine Schuld, um dein Schicksal zu wenden.* Es genügt ein unspezifischer Verweis auf die voraufgegangenen Unheilspropheten: 2,17: *Vollbracht hat er sein Wort, das er von den Tagen der Vorzeit her befohlen hat.* Diese Opfer der Kriegshandlungen sind vielmehr ganz ausgefüllt von ihrem Leid; und dieses Leid ist, da auf den Zorn YHWHs zurückgeführt, ganz und in erster Linie YHWHs Tat, so sehr, dass die realen militärischen Feinde ganz dahinter verschwinden. 2,21–22: *Es liegen auf dem Boden der Straßen Knabe und Greis. Meine Jungfrauen und jungen Männer sind durch das Schwert gefallen. Du hast am Tag deines Zorns getötet. Du hast geschlachtet, schonungslos. Du hast wie zum Festtag meine Schrecken von rings her gerufen, und nicht gab es am Tag des Zornes YHWHs einen Geretteten oder Entronnenen.*

Hier nun ereignet sich in diesem Klgl 2 das für Israels Gottesverhältnis Typische. Der Autor bezweifelt nicht dieses dunkle Gottesbild. Er hellt seine Schatten auch nicht dadurch auf, dass er alle Schuld beim Volk versammelt oder die Schrecken abmildert oder gar verdrängt. Er bittet auch nicht einfach um Hilfe trotz allem. Sondern er klagt Gott an. Er klagt Gott an, dass er maßlos seinen Zorn toben ließ. Aber beachten Sie: Die Tochter Zion monologisiert nicht anklagend, sie äußert diese Anklage nicht gegenüber Dritten, sondern sie richtet diese Gottesanklage im Gebet gegen diesen selben Gott; gegen wen auch sonst? 2,20: *Sieh, YHWH, und schau her! An wem hast du so gehandelt? Dürfen Frauen ihre*

Frucht essen, die liebevoll gehegten Kinder? Dürfen Priester und Prophet im Heiligtum des Herrn getötet werden? Die nahezu inakzeptabel grausame Realität erzeugt, weil Gott nicht von dieser Realität abgekoppelt wird, ein nahezu inakzeptabel verdüstertes Gottesbild, und dieses wiederum ruft als Reaktion Israels ein nahezu inakzeptables Gebet, die Gottesanklage, hervor, die aber nicht – wie später im Ijob-Buch – mit Gott rechtet, sondern eine besonders intensive Gestalt der Bitte – allerdings „erhobenen Hauptes" – ist, ohne deren sprachliche Gestalt anzunehmen. Es ist die Bitte an diesen Gott, seinen Zorn zu mäßigen und zurückzunehmen, weil er unangemessen, seiner nicht würdig ist.

Das ist der Preis des Glaubens, dass YHWH der einzige Herr der ganzen Geschichte ist. Der Preis, den YHWH dafür bezahlt, ist, dass ihn seine Verehrer anklagen und dass in letzter Konsequenz – in einem viel jüngeren Gebet, in Jes 63,17 – das Volk sogar betend seinen Gott zur Umkehr auffordert: *Warum lässt du uns abirren, YHWH, von deinen Wegen, verhärtest du unser Herz so, dass wir dich nicht fürchten? Kehre um, deiner Knechte wegen, der Stämme wegen, die dein Eigentum sind!*

4. Psalm 88 – die Gottesklage eines von Jugend an Schwerkranken

Die offizielle YHWH-Theologie hat um der uneingeschränkten Bindung an YHWH allein willen auch da die Existenz von Dämonen geleugnet, wo sie im altorientalischen Weltbild fest verankert waren: in der Erklärung der vielen inneren und geistigen Krankheiten, deren Ursache man nach dem Stand der damaligen Medizin nicht kennen und die man daher nur in äußerst geringem Maß kausal behandeln konnte. Dann freilich blieb wiederum nur eine Erklärung: YHWH hat diese Krankheit verhängt; YHWH hat den Menschen so geschlagen, dass er erkrankt ist. Freilich war man in diesem Fall in aller Regel der Meinung: YHWH hat die Krankheit als Strafe für schwere Verfehlung verhängt. Und in Israel, das medizinisch völlig unterentwickelt und sogar von Verachtung, wenn nicht Verdächtigung ärztlicher Kunstbemühungen geprägt war, stellte daher das Gebet zu YHWH das wichtigste Gegenmittel dar.

Ein wohlgeformtes Krankengebet enthält folgende Teile: hymnische Anrede an YHWH; Erklärung der eigenen Krankheit als Sündenstrafe bzw. Sündenbekenntnis des Kranken; klagende Beschreibung der Krankheit; Verklagen der falschen Freunde, die sich dem Kranken gegenüber unsolidarisch verhalten, und der Feinde, die die physische, soziale und religiöse Schwäche des Kranken ausnutzen; eine Captatio benevolentiae, Versicherung des Vertrauens; Erinnerung an frühere Bitten; Bitte um Vergebung der Schuld; Bitte um Heilung; Versprechen künftigen Lobes. Wir betrachten als dritten Text ein Krankengebet, das die für Israel typische Konzentration auf YHWHs Verhalten gegenüber dem Kranken konsequent auf die Spitze treibt und dabei nur den negativen Aspekt – YHWH hat die Krankheit verursacht – in den Blick nimmt. Zu beachten ist, dass die Menschen, für die dieses Gebet gedichtet wurde, noch keine Auferstehungshoffnung kennen; Gottes Heil ereignet sich daher entweder in dieser Welt oder gar nicht.

Psalm 88

1 *Ein Lied. Ein Psalm der Korachiter ...*
2 *YHWH, Gott meines Heils!*
   Am Tag und bei Nacht habe ich zu dir geschrien.
3 *Mein Gebet komme vor dich!*
   Neig dein Ohr meinem Schrei!
4 *Denn meine Seele ist gesättigt mit Leiden,*
   mein Leben hat die Unterwelt erreicht.
5 *Schon zähle ich zu denen, die hinabstiegen zur Grube,*
   bin wie ein kraftloser Mann geworden.
6 *Unter den Toten ..., wie Erschlagene, die im Grab liegen, an die du nicht mehr gedacht hast;*
   sind sie doch abgeschnitten von deiner Hand.

7 *Du hast mich in die unterste Grube versetzt, in Finsternisse, in Tiefen.*
8 *Schwer hat dein Grimm auf mir gelastet.*
   Mit all deinen Brechern hast du mich überwältigt.
9 *Du hast entfernt von mir meine Vertrauten.*
   Du hast mich ihnen zum Abscheu gemacht.
   Ich bin gefangen!
   Und kann nicht heraus!
10 *Mein Auge ist vor Elend dahingeschwunden.*

   Jeden Tag, YHWH, habe ich zu dir gerufen,
   habe ich nach dir meine Hände ausgestreckt.
11 *Wirst du an den Toten Wunder tun?*
   Werden Schatten aufstehen, dich zu preisen?
12 *Erzählt man im Grab von deiner Huld,*
   von deiner Treue am Ort des Untergangs?
13 *Werden deine Wunder in der Finsternis bekannt,*
   deine Gerechtigkeit im Land des Vergessens?

14 *Ich aber, zu dir, YHWH, habe ich um Hilfe gerufen/rufe ich hiermit,*
   und früh am Morgen trete mein Gebet vor dich hin!

15 *Warum, YHWH, verwirfst du meine Seele?*
Warum verbirgst du dein Gesicht vor mir?
16 *Elend bin ich und todkrank von Jugend an.*
Ich habe deine Schrecken getragen,
ich werde erstarren (?).
17 *Über mich ist die Glut deines Zorns dahingefahren.*
Deine Schrecken haben mich zum Verstummen gebracht.
18 *Sie haben mich allzeit umflutet wie Wasser, haben mich sämtlich umzingelt.*
19 *Du hast entfernt von mir Freund und Gefährten,*
meine Vertrauten (das ist nur noch die) – Finsternis!

Ps 88 ist klar strukturiert. Dreimal schildert der Psalmist sein klagendes Schreien zu YHWH und ruft dabei den Gottesnamen YHWH aus: 88,2–3: *YHWH, Gott meines Heils! Am Tag und bei Nacht habe ich zu dir geschrien. Mein Gebet komme vor dich! Neig dein Ohr meinem Schrei!* 88,10bc: *Jeden Tag, YHWH, habe ich zu dir gerufen, habe ich nach dir meine Hände ausgestreckt.* 88,14: *Ich aber, zu dir, YHWH, habe ich um Hilfe gerufen/rufe ich hiermit, und früh am Morgen trete mein Gebet vor dich hin!* Diese Verse führen je einen der drei Abschnitte ein: 88,4–10a; 11–13; 15–19.

Der mittlere Abschnitt 11–13 ist die Achse des Psalms; er hebt sich auch inhaltlich ab: Nur hier spricht der Beter nicht von sich, sondern allgemein von den Toten; aus der YHWH-Ferne der Scheol, der Unterwelt, und ihrer Bewohner bildet er ein „argumentum ad deum": YHWHs Eigeninteresse müsste es ihm verbieten, im Beter einen Verehrer verfrüht an die Scheol zu verlieren. Nur hier auch scheint YHWHs Welt als Kontrast zur Unterwelt hell und herrlich, werden YHWH hilfreiche Handlungen und positive Eigenschaften zugesprochen: Wunder, Huld, Treue, Gerechtigkeit. Jedoch bleibt dieses „argumentum ad deum" kraftlos.

Um diese Achse herum sind die beiden äußeren Abschnitte angeordnet: 4–10a; 15–19. In ihnen spricht der Beter klagend und anklagend allein von sich, und zwar insofern er passives Objekt schädigender Handlungen YHWHs ist. Die beiden Abschnitte enden fast identisch und beziehen sich dadurch eng aufeinander. 88,9: *Du hast entfernt von mir meine Vertrauten. Du hast mich ihnen zum Abscheu gemacht. Ich bin gefangen! Und kann nicht heraus!* 88,19: *Du hast entfernt von mir Freund und Gefährten, meine Vertrauten (das ist nur noch die) – Finsternis!* Diese beiden äußeren Abschnitte enthalten die entscheidende Argumentation.

Die kurze Formbeschreibung zeigt: Der Psalm ist starkem Formwillen unterworfen. Hier ist nichts zufällig oder überflüssig; die sprachliche Strategie ist penibel geplant. Das aber bedeutet: Wir haben nicht den spontanen Erguss eines äußerst Verzweifelten vor uns, sondern ein kunstvolles Gedicht, das sich als wohl reflektiertes Gebet denen anbietet, die in eine entsprechend extreme Krankheitssituation geraten sollten. Es ist ein Formular bzw. eine Meditationsvorlage für solche Fälle.

Umso mehr fällt auf, dass die meisten typischen Elemente eines Krankengebets fehlen: Captatio benevolentiae, Vertrauensäußerung, Erklärung der eigenen Krankheit als Sündenstrafe oder Sündenbekenntnis, Bitte um Vergebung und um Heilung, Versprechen künftigen Lobes: nichts davon. Die falschen, unsolidarischen Freunde kommen zwar vor, aber sie werden nicht gattungsüblich verklagt, sondern sind in ein Element der Gottesanklage umgeformt worden: 88,9a.19a: *Du hast entfernt von mir meine Vertrauten ... Du hast entfernt von mir Freund und Gefährten*. Was ist somit der Inhalt dieses Gebetes?

Was erfahren wir über den Beter? Er ist *elend und verscheidend von Jugend an* (88,16a), er ist von Jugend an todkrank, das bedeutet: Er hat von seinem Gott noch nie Heil erfahren, sondern nur Übles (88,4a), und es ist auch keine Änderung in Sicht. Er hat nicht nur jede Kraft verloren (88,5b), nicht nur ist sein Auge, wohl wegen des ständigen Weinens, *dahingeschwunden* (88,10a), sondern er erlebt seine Krankheit als erniedrigtes, völlig abgeschiedenes und vergessenes Totendasein (88,4b.5a.6.7); auch von seiner Umwelt ist er bereits den Toten *zugezählt* (88,5a), wie ein unrein machender Leichnam gilt er ihnen als *Abscheu* (88,9b). Die Schrecken der Scheol, die ihn bereits verschlungen hat, schildert er in vielfachen Kategorien: *tiefste Grube* (88,5a.7a), also unerreichbar weit entfernt, unerreichbar selbst für die helfende Hand YHWHs (88,6d) und für sein Gedenken (88,6c), lebensfeindliche, isolierende Finsternis (88,7b.19b), gefährliche, gewaltsame Wassermassen (88,7b.8b.18b). Jeden Tag, schon am frühen Morgen (88,14b) und jede Nacht hat er zu YHWH um Hilfe geschrien (88,2.10b.14a) und dabei den Gebetsgestus vollzogen (88,10c). Aber YHWH hat sich nicht erbitten lassen (88,15), so dass der Beter schließlich verstummt ist (88,17b) und alsbald völlig erstarren wird (88,16c). Von seinem Gott ebenso verlassen wie von seinen Freunden und Gefährten (88,9a.19a), ist ihm sein leidvolles Dasein zum unentrinnbaren Kerker geworden (88,9cd); er hat nur noch die Finsternis, d. h. die Isolation, zum Vertrauten (88,19b).

Das Schlimmste: Das alles hat YHWH persönlich über ihn verhängt, der Einzige, der Abhilfe schaffen könnte. Sogar der Zorn Gottes lastet auf ihm (88,8a.17a), der Zorn, den der Mensch erfahrungsgemäß durch seine Verfehlungen erregt. Umso auffälliger, dass der Psalmist trotz seiner Gebetsschreie sich keiner Sünde bezichtigt. Angesichts des gattungstypischen, daher erwarteten Elements Sündenbekenntnis ist dies ein schreiendes Schweigen: Mit höchster Emphase hält der Beter so an seiner Unschuld fest, er lässt sich keine Schuld aufreden. Während er zu Beginn des Psalms noch den Gott seines Heils angerufen hatte (88,2a), verstummt er am Ende in Finsternis (88,17b.19a).

Welche Rolle spielt *YHWH* in diesem Psalm? Nicht die Krankheit hat den Psalmisten in Not gebracht, YHWH persönlich hat ihn in die tiefsten, somit am weitesten entfernten Orte der Unterwelt mit ihren gefahrvollen Wassern *versetzt* (88,7: *Versetzt hast du mich in die tiefste Grube, an finstere Orte, in [Meeres-]Tiefen*). Es sind nicht einfach die Wasser der Unterwelt, die ihn überwältigt haben, sondern es sind *YHWHs Brecher* (88,8b: *Mit all deinen Brechern hast du mich überwältigt*). YHWH hat ihm nicht nur nicht geholfen, sondern – unerklärlich, unprovoziert – seinen *Grimm* auf ihm lasten (88,8a), seine *Zornesgluten* wie eine Feuersbrunst über ihn dahinfahren lassen (88,17a). Nicht unbekannte oder dämonische Mächte haben ihn bedrängt, sondern *YHWHs Schrecken* haben ihn umzingelt, so dass er nicht entkommen konnte (88,18b), haben ihn so lückenlos umschlossen wie Wasser (88,18a), der Psalmist musste sie von Jugend an tragen (88,16b).

Am Ende des Gebets haben ihn YHWHs Schrecken zum Verstummen gebracht (88,17b: *Deine Schrecken haben mich zum Verstummen gebracht*) und werden ihn alsbald leblos erstarren lassen (88,16c). Er hat schließlich das seine Tage und Nächte ausfüllende Gebet abgebrochen, ist verstummt, weil YHWH jeden Kontakt verweigert hat. Nicht sein Rufen war zu schwach oder YHWH zu fern gewesen, so dass er ihn nicht erreicht hätte, sondern YHWH hat *sein Gesicht* vor ihm *verborgen* (88,15b) und ihn *verstoßen* (88,15a); der Psalmist ist somit auch nicht aus Schwäche oder Verzweiflung verstummt, sondern YHWH hat ihn *zum Verstummen gebracht* (88,17b). YHWH hat nicht nur sich selbst unzugänglich gezeigt, sondern auch mitmenschliche Solidarität zerstört, ihn auch von seinen Vertrauten isoliert. Die Freunde und Vertrauten sind ihm nicht aus Furcht vor Verunreinigung, aus Entsetzen oder Bosheit ferngeblieben, sondern – sie sind Opfer der Handlungen YHWHs wie der Psalmist – YHWH selbst hat sie vom Psalmisten *entfernt* (88,9a.19a). Nicht seine Krankheit hat den Abscheu der Freunde erregt, sondern YHWH hat ihn für sie *zum Abscheu gemacht* (88,9cd).

Von dem umso rätselhafter abstechenden Anruf zu Beginn des Psalms *Gott meines Heils* (88,2a), der freilich schon vor dem Verstummen des Beters längst spurlos verhallt ist, abgesehen, hat der Psalmist das Gottesbild in schrecklicher Konsequenz einheitlich dunkel gemalt: Dieser Gott hat sich konsequent als Feind des Psalmisten erwiesen, und das grundlos und von des Beters Jugend an (88,16a). Dieser Psalm klagt Gott an. Dieser Beter hat seinen Psalm als konsequente und *geschlossene* Anklage Gottes gestaltet und seinem Gott die *alleinige* Verantwortung für sein Schicksal zugewiesen: *Alles*, was er erleidet, ist *nur* YHWHs Werk. Alles, was an andere Menschen, an die Reaktionen der Umwelt erinnern könnte, hat der Psalmist getilgt: Der Psalm ist eine einsame und aussichtslose Konfrontation zwischen dem Schwerkranken und YHWH, der das alles gewirkt hat.

Der Psalmist deutet keinerlei Erhörungsgewissheit an, er schildert sein Leiden ausführlich und ausdrucksstark, er verstummt in Gottes- und Menschenferne und Verzweiflung; dennoch nennt er zu Beginn diesen YHWH *Gott meines Heils* (88,2: *YHWH, Gott meines Heils, bei Tag habe ich geschrien*), obgleich er bisher von ihm kein Heil erfahren hat und, da sein Leben dem Ende zueilt, auch kaum erfahren kann.

Diese extreme Leidenserfahrung eines Nicht-Schuldigen ohne Aussicht auf Besserung kann im YHWH-Glauben, solange das Heil rein innerweltlich konzipiert wird, begrifflich nicht mehr verarbeitet werden. Der YHWH, an den er auf Grund seiner religiösen Tradition glaubt, der Gott seines Heils, und der YHWH, den einzig er bisher erfahren hat, der Verursacher seiner Krankheit, wie der Psalm ihn anklagend schildert, sind dem Psalmisten unvereinbar auseinandergetreten. Weder unterwirft er sich, indem er Zuflucht nimmt zur Annahme einer ihm unbekannten Sünde, noch vermag er zu einem Gottesvertrauen durchzubrechen, das über den Tod hinausführt; aber er kann eben die Einheit zwischen dem geglaubten und dem erfahrenen YHWH auch nicht mehr positiv durch sonstige inhaltliche Aussagen herstellen. Er stellt diese Einheit nur noch durch den Akt des Gebets als solchen her, indem er das, was er von YHWH erfahren hat, kompromisslos anklagend auf den YHWH hin, an den er glaubt, aussagt, indem er überhaupt noch zu ihm spricht, wenn auch ohne am Ende noch die Kraft zur Bitte oder zur geringsten Hoffnungsäußerung zu finden. Er gibt seinen Gott (noch) nicht auf, auch wenn die Ankündigung seines Erstarrens und die Beschreibung seines Verstummens (88,16c.17b) andeuten, dass er diesem endgültigen Kommunikationsabbruch seinerseits einem Gott gegenüber, der ihm bisher jede Kommunikation verweigert hat, ganz nahe gekommen ist. Es macht die Eigenheit dieses Psalms aus, dass er ohne versöhnlichen Ausklang in Schrecken vor diesem, in Anklage gegen und Schädigung durch diesen Gott schließt.

Wieder stellen wir fest: Die Weigerung, in einer ausweglosen Leidsituation Gott aus diesem Wirklichkeitssegment zu entfernen, führt zu einem dunklen Gottesbild: Gott als zorniger Feind und Schädiger des Beters. Aus diesem Gottesbild aber resultiert auf Seiten des Beters nicht Selbsthass oder Selbstbeschuldigung oder Unterwerfung, sondern Anklage Gottes. Hier in Ps 88 sind Verzweiflung und Anklage so weit getrieben, dass nicht einmal mehr die Kraft zum expliziten Appell gegen Gott zu demselben Gott mehr bleibt. Umso erstaunlicher ist die Tatsache, dass er unter die 150 Gebete des Psalters, des Gebet- und Meditationsbuchs Israels, aufgenommen wurde; eine Entscheidung, die auch die Kirche durch ihren Umgang mit diesem Psalm im liturgischen wie im privaten Bereich bis heute bekräftigt hat. Indem das nachexilische Judentum diesen Text in seine Gebetsammlung aufnahm, hat es das Urteil dokumentiert: Dieser Psalm ist ein akzeptables, ja empfehlenswertes Gebet; so kann, muss unter Umständen ein Mensch zu Gott sprechen, der in vergleichbarem Unglück dem Tod entgegengeht. Ein solcher Gebetsakt und die offizielle Tradierung eines solchen Gebetstextes sagen mehr über das Gottesbild (und das Menschenbild), den Glauben einer Gemeinschaft aus als ein ganzer dogmatischer Traktat.

Freilich wurde dieser Psalm zwar als einzelner gedichtet und ist zunächst daher auch als einzelner auszulegen, aber er wurde nicht als einzelner tradiert, sondern im Ensemble der 150 Psalmen des Psalters überliefert. Ps 88 trägt eine längere Überschrift, u. a. die Bezeichnung *ein Psalm der Söhne Korachs*. Damit erweist er sich als Glied der Gruppe der zwölf Korachpsalmen (42.43–49.84–85. 87–88), deren letztes Paar er abschließt. Da die Korachpsalmen sich paarweise zugeordnet sind, kommt Ps 87 in den Blick. Dieser stellt den größtmöglichen Kontrast zu Ps 88 dar; Ps 87 enthält ausschließlich lebensbejahende Aussagen und Bilder: ein Loblied auf Zion, die hier als Mutter auftritt; V. 5: *Von Zion wird man sagen: Jeder ist dort geboren*. Und die Bewohner Zions werden von Zion singen nach V. 7: *All meine Quellen entspringen in dir*. Daraus freilich, dass Ps 88 auf diesen von gesegnetem Leben erfüllten Ps 87 folgt und dass Ps 88 die Korachitenpsalmen insgesamt abschließt, folgt zunächst, dass die Reihe der Korachitenpsalmen einen *massiv offenen Schluss* besitzt. Mit anderen Worten: Ps 88 wird durch Ps 87 konterkariert, aber Ps 88 in Endstellung trägt den stärkeren Akzent.

Genau dies wollte nach Erich Zenger eine spätere Redaktion abschwächen. Sie setzte zwischen die Korachitenpsalmen 84+85 und 87+88 mit Ps 86 einen versprengten David-Psalm; vielleicht hat der Redaktor Ps 86 sogar für diesen Kontext erst gedichtet. Mit der Autorität Davids, so Zenger, bestreitet er die allzu „negative" Theologie des Ps 88, indem er in ähnlicher Situation jene Gotteserfahrungen behauptet, die Ps 88 negiert. Tatsächlich ist auch Ps 86 der Hilferuf eines Einzelnen; hier aber finden sich folgende Aussagen: V. 5.7: *YHWH, du bist gütig und bereit zu verzeihen, für alle, die zu dir rufen, reich an Gnade ... Am Tag meiner Not rufe ich zu dir; denn du wirst mich erhören.* V. 13: *Du hast mich den Tiefen des Totenreichs entrissen, denn groß ist über mir deine Huld.* V. 15: *Du aber, YHWH, bist ein barmherziger und gnädiger Gott, du bist langmütig, reich an Huld und Treue.*

Die Tragfähigkeit solcher Psalter-Kontext-Auslegung ist zur Zeit noch umstritten. Wenn wir jedoch diesen Gedanken aufnehmen und fortspinnen, stellen wir fest: Dem Redaktor war Ps 88 zu einseitig, zu negativ, zu anklagend gegen Gott. Aber er entfernte ihn nicht aus der Sammlung, sondern er stellte den hellen Ps 86 hinzu, wie zuvor schon der positiver gestimmte Ps 87 in Kontaktstellung gebracht worden war. Ps 88 wird nicht zensiert, nicht entfernt, nicht bestritten; lediglich wird das Gottesbild des Psalms 88 durch die Gottesbilder der umliegenden Psalmen relativiert, in eine Vielfalt nebeneinander gültiger und doch nicht miteinander vereinbarer

Gottesbilder eingefügt. Da tritt wieder das Bilderverbot in spezifischer Wirkung hervor: Das dunkle Gottesbild wird nicht zugunsten eines hellen, sondern beide werden durch ihre Gegenüberstellung zerbrochen auf das Geheimnis des einen und einzigen Gottes hin, den kein Bild fassen kann.

5. Schlussreflexion

Damit ergibt sich auch bereits das Fazit. Dunkle Gottesbilder müssen wir bewahren und in uns wachrufen um der Leiderfahrungen vieler Menschen willen, die wir nicht einfach triumphalistisch oder realitätsfern in Ergebung und Gotteslob ummünzen dürfen. Dunkle Gottesbilder müssen wir bewahren und in uns wachrufen um des Wirklichkeitsbezugs unseres Gottes willen, um der Welthaltigkeit unseres Glaubens willen. Aber wir müssen sie wachrufen, um sie zugleich zu zerbrechen, damit diese negativen wie die positiven Gottesbilder nicht zwischen uns und Gott treten, sondern damit sie uns helfen, dass wir uns dem Geheimnis Gottes öffnen, den kein Bild zu fassen vermag.

Zitierte Autoren:

Claus Westermann, Die Klagelieder. Forschungsgeschichte und Auslegung, Neukirchen-Vluyn 1990.

Erich Zenger, Zur redaktionsgeschichtlichen Bedeutung der Korachpsalmen, in: Klaus Seybold – Erich Zenger (Hrsg.), Neue Wege der Psalmenforschung (Herders Biblische Studien Bd. 1), Freiburg i. Br. 1994, 175–198.

Weiterführende Literatur:

Walter Gross, Studien zur Priesterschrift und zu alttestamentlichen Gottesbildern (Stuttgarter Biblische Aufsatzbände Altes Testament 30), Stuttgart 1999.

Marie-Louise Gubler

„Wie eine Mutter ihren Sohn tröstet ..." (Jes 66,13) – Die Gottesrede aus der Erfahrungswelt der Frauen

„Zu den historischen Bedingtheiten der biblischen Schriften gehört auch, dass sie von Männern verfasst worden sind. Wie zum Beispiel sähe eine Geschichte Israels aus, geschildert, geschrieben aus der Perspektive der weder waffen- noch gottesdienstfähigen Frauen und Mütter?"[95]

1. Einseitige Gottesbilder

„Das Letzte wird ein Bild sein, kein Wort. Vor den Bildern sterben die Wörter", sagt Christa Wolfs Kassandra angesichts des Todes. Bilder haften im Gedächtnis und sind auch Analphabeten zugänglich, was die mittelalterlichen Kathedralbauer wussten. Bilder spiegeln immer auch die Lebenswelt der Menschen wieder. Auf dem Hungertuch 1991 des Schweizer Fastenopfers von der indischen Künstlerin Lucy d'Souza löste das Zentrum in einigen Kreisen Protest aus und das Fastenopfer erlitt eine spürbare Einbuße. Anstelle der Gestalt Jesu malte sie – umgeben von biblischen Frauengestalten – in einem großen Getreidekorn eine weiß gekleidete indische Frau, die Brot bäckt. Die Künstlerin gestaltete im Zentrum das Gleichnis Jesu von der Frau, die Sauerteig unter das Mehl mengt, und verband es mit der indischen Symbolik von Leben und Fruchtbarkeit. Das Samenkorn als verborgener Lebenskeim und der Sauerteig als unsichtbares Lebensprinzip werden mit der harten Frauenarbeit verbunden. Die Bäckerin im Zentrum wird so zum sprechenden Bild für Gottes neue Welt, die durch den Prozess des Sterbens von innen heranwächst. Die heftige Diskussion, die dieses Bild auslöste, zeigt, dass weder das Gleichnishafte der Bildsprache noch die Bedeutung des Frauenalltags für das Reich Gottes verstanden wurden.

Es ist nicht leicht, die jahrhundertealte Tradition männlicher Gottesbilder zu überwinden, die auch die Liturgie bestimmen. Gott wird als Herr und König, als Vater, als „Er" angesprochen. In der Frauenbewegung wurde – in Anlehnung an eine Aussage der Astronauten über das Weltall – im provokativen Ruf „God, she is black!" (Gott, sie ist schwarz!) diese Selbstverständlichkeit in Frage gestellt. Der Protest gegen eine exklusiv männliche Bilder- und Begriffswelt für Gott wächst auch auf jüdischer Seite. So bemerkt die jüdische Theologin Judith Plaskow scharfsichtig: „So offensichtlich und harmlos die männliche Rede von Gott auch zu sein scheint,

Metaphern spielen durchaus eine Rolle – sowohl auf individueller als auch auf sozialer Ebene ... Religiöse Symbole geben dem Selbstverständnis der Gemeinschaft Resonanz und Autorität und dienen dazu, deren Weltauffassung zu stützen und zu erhalten. Die männlichen Bilder, die die Juden im Sprechen mit oder über Gott gebrauchen, gehen aus einem religiösen System, in dem die Männer normative Juden sind und die Frauen als die Andern wahrgenommen werden, hervor und erhalten dieses. Indem sie sich auf die Erfahrung nur einiger, die am Sinai standen, abstützen, rechtfertigen sie eine Gemeinschaft, die hierarchisch strukturiert ist"[96].

Ferner: „Religiöse Symbole reden nicht einfach von Gott; sie sind nicht einfach Muster dafür, wie eine Gemeinschaft die letzte Wirklichkeit wahrnimmt. Sie prägen auch die Welt, in der wir leben, und dienen als Muster für menschliches Verhalten und die soziale Ordnung"[97]. Der Zirkelschluss ist perfekt: „Wenn Männlichkeit normativ wird, sind die Frauen notwendigerweise die Andern, die von der Tora Ausgeschlossenen und in der Gemeinschaft Israels Untergeordneten. Und wenn die Frauen die Andern sind, dann scheint es nur passend, von Gott in einer männlichen Sprache zu reden, die sich von der männlichen Norm herleitet"[98].

Noch problematischer aber wird die *Verwechslung von Symbol und Wirklichkeit*: „Wenn bestimmte Symbole für Gott fest etabliert und zur Gewohnheit geworden sind, verlieren sie ihre Transparenz als Symbole und werden als Beschreibungen Gottes aufgefasst, die allein Zugang zur Natur der göttlichen Wirklichkeit gewähren ... In der letzten Zeit zeugen Wut und Angst, hervorgerufen durch feministische Versuche, das männliche Reden von Gott zu verändern, von einer tiefen, oft vorher unausgesprochenen Bindung an dieses Bild und von einer Furcht davor, mit diesem Bild zugleich die wahre Natur Gottes zu verlieren. Wenn eine Metapher auf dieser Ebene als Voraussetzung verstanden und verteidigt wird, handelt es sich nicht mehr um ein Bild, sondern um ein Idol. Die Metapher ist nicht mehr bloß eine Möglichkeit, auf Gott zu verweisen, sondern wird mit Gott identifiziert, so dass jede Veränderung des Bildes Gott ‚selbst' zu diffamieren und herabzusetzen scheint"[99].

Am schärfsten stellt Mary Daly das Problem der Identifikation von Bild und Wirklichkeit dar: „Wenn Gott männlich ist, ist das Männliche Gott"[100]. Damit stellt sich auch für die Anrede Gottes ein Problem: Die Verwendung von männlichen Metaphern der Dominanz in der Liturgie betont die asymmetrische Beziehung zwischen Gott und Mensch. Demgegenüber weist Plaskow auf die vielfältigen metaphorischen Zugänge zu Gott. Denn Bilder, die sozial, politisch und moralisch nicht mehr unserer Lebenswelt entsprechen, verhindern religiöse Erfahrungen und sind auch nicht mehr in der Lage, die Wirklichkeit Gottes zu evozieren. Dabei genügt es nicht, einfach die männlichen Pronomen (Er) durch weibliche zu ersetzen (Sie). Die grundsätzliche Frage nach dem Ursprung unserer Bilder für das Göttliche ist vielmehr erneut aufgeworfen und verlangt nach einer Antwort.

2. Auf der Suche nach einer neuen Metaphorik

Zunächst ist daran zu erinnern, dass die Grunderfahrung Israels eine *Verweigerung* Gottes ist, in einem Begriff oder Namen festgelegt zu werden. Das unaussprechliche Geheimnis Gottes, das im Gottesnamen JHWH anklingt, muss nicht in Metaphern der Dominanz ausgewortet werden: „*Ehyeh-ascher-ehyeh*", ich bin wer, ich bin, ich werde sein, wer ich sein werde (Ex 3,14) – wenn ihr euch auf mich einlasst. Das „Wie" dieses Da-seins bleibt dynamisch offen. Auf der Suche nach anderen Gottesbildern, die Nähe und Vertrautheit zeigen, stoßen wir in der Bibel auf die prophetische Tradition und die Weisheitsüberlieferung, im Neuen Testament vor allem auf die Gleichnisse Jesu und die Übertragung von weisheitlichen Vorstellungen auf Jesus. Exemplarisch sollen sie im Folgenden dargestellt werden.

2.1. Die prophetische Tradition der Bibel

Hosea

Das einzig Sichere, was wir über den Propheten Hosea wissen, ist, dass er in den katastrophalen Jahren vor dem Ende des Nordreiches Israel (722/721) gelebt und gewirkt hat. Hosea ist der einzige Schriftprophet des Nordreiches und Zeitgenosse von Jesaja, Amos und Micha. Sein Thema: die Frühgeschichte Israels als Liebesgeschichte zwischen JHWH und seinem Volk und der Kontrast dazu im Abfall Israels zum Baalkult.

Ein besonders eindrückliches Beispiel ist die Gottesrede in Hos 11,1–11: „Als Israel jung war, gewann ich ihn lieb, aus Ägypten rief ich meinen Sohn. Doch wie ich sie rief, so liefen sie von mir weg, den Baalen opferten sie, und den Bildern räucherten sie. *Dabei habe ich doch Efraim gestillt, indem ich ihn auf meine Arme nahm*. Sie jedoch begriffen nicht, dass ich sie pflegte. Mit menschlichen Seilen zog ich sie, mit Stricken der Liebe. *Und ich war für sie wie solche, die einen Säugling an ihren Busen heben, und ich neigte mich zu ihm, um ihm essen zu geben*" (Hos 11,1–4). Dann folgt die Ankündigung der Strafe: Israel muss zurück nach Ägypten, es wird von den Assyrern besetzt, mit Krieg und Verwüstung bestraft, doch das Volk bleibt uneinsichtig und ruft weiterhin Baal an. Aber dann fährt Gott fort: „Wie soll ich dich preisgeben, Efraim, wie dich aufgeben, Israel? Wie kann ich dich preisgeben wie Adma, dich behandeln wie Zeboim?[101] *Es kehrt sich gegen mich mein Herz, ganz und gar ist entbrannt mein Mutterschoß*. Nicht kann ich meinen glühenden Zorn vollstrecken, nicht kann ich (mein Inneres) nochmals umdrehen, um Efraim zu verderben! *Denn Gott bin ich und nicht Mann, in deiner Mitte hei-*

lig, und nicht komme ich, um zu zerstören" (Hos 11,8–9).

In der Übersetzung von Helen Schüngel-Straumann sind hier ganz klar mütterliche Tätigkeiten ausgesagt. Das Bild ist das einer Mutter, die ihr Kind „durchbringt"[102]. Hervorgehoben wird das Essen zum Überleben (im alten Orient wurde ein Kind während ca. drei Jahren gestillt). Gott handelt an Israel wie eine zärtliche Mutter, doch Israel wendet sich ab. (Möglicherweise war der Prophet beeinflusst von altorientalischen Bildern von Göttinnen, die mehrere Prinzen stillen). Vers 3 wird oft mit „laufen lehren" (statt „stillen") übersetzt, was aber nicht auf den Armen geht! Die Mutter hebt den Säugling an die Brust und neigt sich, damit er bequem trinken kann. Betont wird: „Ich, ich war es doch …" – ein betonter Verweis auf den Gottesnamen JHWH. Wie eine Mutter ringt Gott verzweifelt um Israel und spricht dem männlichen Gegenspieler Baal ab, das Kind großziehen zu können (V 5–7). Aber das leidenschaftliche Ringen wird in Gott selbst hineingelegt (V 8–9): Von der spontanen männlichen Reaktion wie preisgeben, aufgeben, verderben, den glühenden Zorn vollstrecken, zerstören … distanziert sich JHWH. Sein „Herz" wendet sich gegen ihn. „Sein Herz" steht parallel zu „sein Mutterschoß" (rechem, von rachamim = Erbarmen)[103], der in einem heftigen Affekt „entbrennt". Im Innern Gottes findet eine Revolte, ein Umsturz statt. Und die Begründung dafür ist: „Denn Gott ('el) bin ich, nicht Mann (we loh 'isch)"(V 9).

H. Schüngel-Straumann weist auf die maßlose Inkonsequenz JHWHs hin und schreibt: „In der ausweglosen Situation vor dem endgültigen Zusammenbruch des Nordreichs greift der Prophet auf Bilder zurück, die besser geeignet sind, seine letzten und tiefsten Erfahrungen mit JHWH, dem Gott Israels, auszudrücken. Nur in der Mutterliebe dieses Gottes sieht der Prophet noch eine letzte Chance für sein Volk! Auch rund 200 Jahre später, nach dem Zusammenbruch des Südreichs Juda, lässt sich Ähnliches beobachten: Deutero-Jesaja verwendet ebenfalls weiblich-mütterliche Bilder, um sein Volk wieder aufzurichten. Diese sind für ihn besser als männliche Metaphern geeignet, in einer Zeit der Katastrophe Hilfe, Hoffnung und Trost anzubieten"[104].

Deutero-Jesaja

Der namenlose Prophet, der in der Zeit des aufkommenden Persers Kyros am Ende des neubabylonischen Reiches lebte, hat mit seiner Ankündigung von einem neuen Heilshandeln Gottes wie kein anderer in das Neue Testament hineingewirkt. Das eigentliche Heilsgeschehen wird Auszug und Heimkehr der Verbannten aus Babylon und das Kommen JHWHs selbst sein. Besonders bei Deuterojesaja finden sich eindrückliche Bilder eines mütterlich-zärtlichen Gottes, der die Traurigen tröstet und die Schwachen aufrichtet: „Fürchte dich nicht, du armer Wurm Jakob, du Würmlein Israel! Ich selber werde dir helfen …" (Jes 41,14).

„Lange habe ich geschwiegen und auf das Rufen meines Volkes nicht geantwortet. Ich habe an mich gehalten; aber jetzt kann ich nicht mehr länger warten. *Es geht mir wie einer Frau, die in die Wehen kommt; ich stöhne und keuche und ringe nach Luft ... Und dann nehme ich mein blindes Volk, das Volk, das keinen Weg mehr weiß, an der Hand und führe es.* Das Dunkel, das vor ihm liegt, mache ich hell und räume alle Hindernisse beiseite" (Jes 42,14–16).

„Hört auf mich, ihr vom Haus Jakob, und ihr alle, die vom Haus Israel übrig sind, die mir aufgebürdet sind von Mutterleib an, die von mir getragen wurden, seit sie den Schoß ihrer Mutter verließen. Ich bleibe derselbe, so alt ihr auch werdet, bis ihr grau werdet, will ich euch tragen. Ich habe es getan und *ich werde euch weiterhin tragen, ich werde euch schleppen und retten* ..." (Jes 46,3–4).

Auf die Klage Israels, von Gott verlassen zu sein, antwortet Gott: „Bringt eine Mutter es fertig, ihren Säugling zu vergessen? Hat sie nicht Mitleid mit dem Kind, das sie geboren hat? Und selbst wenn sie es vergessen könnte, ich vergesse euch nicht" (Jes 49,15).

„Ich (der Herr) verspreche: ... ihr werdet euch geborgen fühlen wie ein Kind, das von seiner Mutter auf der Hüfte getragen und auf den Knien gewiegt wird. *Ich werde euch trösten, wie eine Mutter tröstet* ... neuer Lebensmut wird in euch erwachen, so wie im Frühling das frische Grün sprosst" (Jes 66,12–14).

Eines der nachhaltigsten Bilder, das auch das Neue Testament geprägt hat, ist die Szene der Einladung auf dem Zionsberg: Gott lädt alle Völker ein zu einem Festmahl mit erlesensten Speisen und Weinen. Aber die herbeikommenden Völker sind gezeichnet von ihrer leidvollen Geschichte – von Feststimmung ist keine Rede. Da beginnt Gott zu handeln: „Er zerreißt auf diesem Berg die Hülle, die alle Nationen umhüllt, und die Decke, die alle Völker bedeckt, Er beseitigt den Tod für immer. Gott, der Herr, *wischt die Tränen ab von jedem Gesicht*. Auf der ganzen Erde nimmt er von seinem Volk die Schande hinweg" (Jes 25,6–8). Vgl. Offb 21,4: „Alle Tränen wird er von ihren Augen abwischen. Es wird keinen Tod mehr geben, und keine dumpfe Trauer, keine Verzweiflungsschreie und keinen peinigenden Schmerz. Denn alles, was früher war, ist vorbei." Das Bild vom tränentrocknenden Gott knüpft an das Tun einer Mutter an, die ihr weinendes Kind tröstet.

Noch sind diese prophetischen Worte nicht ins Bewusstsein einer breiten Öffentlichkeit gedrungen, noch haben sie die Liturgie nicht geprägt. Sie wären aber von großer Wichtigkeit – nicht nur für Frauen –, um eine neue Ganzheitlichkeit zu finden. Der Gott Abrahams, Isaaks, Jakobs ist genauso der Gott Saras, Rebekkas, Leas und Rahels – und vor allem der verstoßenen Sklavin Hagar, der geopferten namenlosen Tochter Jiphtachs, der trauernden Nebenfrau Rizpa, der namenlosen armen Witwen und Waisen und vieler unbekannt gebliebener Frauen.

2.2. Die Weisheitstradition Israels

Eine Identifikationsmöglichkeit für Frauen schafft die mütterlich-frauliche Gestalt der Weisheit, wie sie in der Spätzeit des biblischen Israel entstand. „Weisheit" war im alten Orient mit „erfahren sein" und „in einer Kunst oder Fertigkeit sachverständig sein" verbunden. Weise Männer und Frauen waren BeraterInnen der Gemeinschaft. Der/die Weise konnte die Ordnungen der Welt durch Beobachtung des Alltags deuten. Nach dem babylonischen Exil entstand in Israel in Kreisen von Weisheitslehrern eine vielfältige Literatur und die personifizierte Gestalt der Weisheit (hebr. Chokma / griech. Sophia). Durch die Exilserfahrung war das traditionelle Gottesbild der einflussreichen Schichten ins Wanken geraten. Im Exil war der unfassbare und unbegreifliche Gott erfahren worden, der nicht in die Geschichte der Menschen eingegriffen hatte und ihnen in ihrem Leiden nicht geholfen hatte. Die Weisheitstradition ist als Antwort auf die Katastrophe des Exils und die Herausforderungen der nachexilischen Zeit zu sehen. Zur Weisheitsüberlieferung gehören die Spätschriften, die teilweise in griechischer Sprache geschrieben wurden und im protestantischen Kanon nicht als kanonisch aufgenommen wurden (so Sirach, Weisheit Salomos; als kanonisch anerkannt: Spr, Koh, Ijob).

Die personifizierte Gestalt der Weisheit ist eine schillernde und nicht systematisierbare Größe. Sie vermindert als Personifikation der menschenfreundlichen Seite Gottes die unerträgliche Distanz des fernen Gottes und übernimmt religiöse Funktionen des nicht mehr vorhandenen Königtums. Ihr Wirkungsort ist vorzugsweise das Haus und die Familie, wo sie die Rolle der Ratgeberin spielt, aber auch die Straße, wo sie alle in ihr Haus einlädt.

Sprichwörter 8

Einer der ältesten Texte zum Thema ist im Höhepunkt der Spruchsammlung Spr 8,1–36. „Ruft nicht die Weisheit, erhebt nicht die Klugheit ihre Stimme? Bei der Stadtburg, über den Straßen, an der Kreuzung der Wege steht sie, neben den Toren, wo die Stadt beginnt, am Zugang zu den Häusern ruft sie laut" (V 1–3). Die Weisheit sucht die Öffentlichkeit, sie ruft laut und vernehmlich zu allen. Sie spricht sehr selbstbewusst in der Ich-Form, wie sonst nur JHWH bei den Propheten spricht: „Euch, ihr Leute, rufe ich, mein Wort ergeht an alle Menschen. Unerfahrene, werdet klug, ihr Toren nehmt Vernunft an! Hört her! Aufrichtig rede ich, meine Lippen öffnen sich der Redlichkeit … Bei mir ist Rat und Hilfe; ich bin die Einsicht, bei mir ist Kraft. Durch mich regieren die Könige und entscheiden die Großen nach Recht … Ich liebe alle, die mich lieben, und die mich suchen, werden mich finden …" (V 4.14f.17). Die Weisheit schafft die Ordnung und amtet als Ratgeberin und Lehrerin. Und wie JHWH will sie gesucht und gefunden werden (vgl. Amos 4,4.6: „Sucht mich, auf dass ihr lebt!").

Sie schafft Recht und Gerechtigkeit – wiederum ein zentrales prophetisches Thema! Deutlich erkennbar sind Parallelen zur ägyptischen Mythologie: Die *ma'at* als geliebte Tochter des Sonnengottes, die mit ihm täglich das Firmament im Schiff befährt, verkörpert die Ordnung und den Bestand der Welt. Diese *ma'at* amtet auch als „Seelenwägerin" im Totengericht (eine Funktion, die im Christentum später der Erzengel Michael übernehmen wird).

Der Ursprung der Weisheit liegt in der fernen Vergangenheit: „Der Herr hat mich geschaffen als Anfang seiner Wege, vor seinen Werken in der Urzeit; vor aller Zeit wurde ich gebildet, am Anbeginn, vor dem Anfang der Erde. Als die Urmeere noch nicht waren, wurde ich geboren, als es die Quellen noch nicht gab, die wasserreichen. Ehe die Berge eingesenkt wurden, vor den Hügeln wurde ich geboren. Noch hatte er die Erde nicht gemacht und die Fluren und alle Schollen des Festlands. Als er den Himmel baute, war ich dabei, als er den Erdkreis abmaß über den Wassern, als er droben die Wolken befestigte, und Quellen strömen ließ aus dem Urmeer, als er dem Meer seine Grenze setzte, damit die Wasser nicht seinen Rand überschritten, als er die Grundfesten der Erde legte, da war ich als seine Vertraute bei ihm. Ich war seine Freude Tag um Tag und spielte vor ihm allezeit. Ich spielte auf dem Erdenrund und hatte meine Freude an den Menschen. Nun, ihr Söhne, hört auf mich, wohl dem, der auf meine Wege achtet! ... Wohl dem, der auf mich hört, der Tag um Tag an meinen Türen wacht und die Pfosten meiner Tore hütet. Wer mich findet, findet Leben und erlangt Wohlgefallen beim Herrn. Doch wer sich gegen mich verfehlt, schadet sich selbst; alle, die mich hassen, lieben den Tod" (Spr 8,22–36).

Als präexistente Weisheit ist sie das erste Wort JHWHs vor der Schöpfung des Kosmos, gleichsam die erstgeborene Tochter Gottes. Darin gründet ihre Vollmacht zur Unterweisung der Menschen als Lehrerin. Sie war beim Ordnen des Ur-Chaos immer dabei (im Hebräischen ist das „Nichts" nicht aussagbar, es bedarf der Bilder des *tohuwabohu* und der Finsternis über dem Urmeer (Gen 1,2). Die Weisheit ist spielerisch und freudig an diesem Ordnen beteiligt: Im Bild der tanzenden jungen Frau wird die heitere Lebensfreundlichkeit ausgesagt, die dem All zugrunde liegt. So ist die Weisheit die einzigartige Mittlerin bei der Schöpfung und verbindet Himmel und Erde. Es ist gut für die Menschen, Tag für Tag an ihren Toren und Türen zu wachen und sie zu suchen, denn wer sie findet, findet das Leben. So hat diese Weisheit soteriologische Bedeutung.

Sirach 24

Mehr als hundert Jahre später entstand (im griechischen) Buch Sirach eine Weiterführung der Vorstellung: „Ich ging *aus dem Mund des Höchsten* hervor, und wie Nebel umhüllte ich die Erde. Ich wohnte in den Höhen, auf einer Wolkensäule stand mein Thron. Den Kreis des Himmels umschritt ich allein, in der Tiefe des Abgrunds ging ich umher. Über die Fluten des Meeres und über alles Land, über alle Völker und Nationen hatte ich Macht. Bei ihnen allen suchte ich einen Ort der Ruhe, ein Volk, in dessen Land ich wohnen könnte. Da gab der Schöpfer des Alls mir Befehl; er, der mich schuf, wusste für mein Zelt eine Ruhestätte. Er sprach: *In Jakob sollst du wohnen, in Israel sollst du deinen Erbbesitz haben.* Vor der Zeit, am Anfang, hat er mich erschaffen, und bis in Ewigkeit vergehe ich nicht" (Sir 24,3–9).

Wieder spricht die Weisheit in der Ich-Form und in göttlichem Selbstbewusstsein. Die aus dem Offenbarungswort entstandene Weisheit erstreckt sich „wie Nebel" über die ganze Erde und durchwandert auf der Suche nach einer Ruhestätte die kosmischen Räume, bis sie in Israel zur Ruhe findet. In poetischen Bildern wird die kosmische Bedeutung der Weisheit schließlich mit der Geschichte Israels verbunden: Der hebräische Text spricht von „Wurzel schlagen", „einwurzeln", was das Bild des Lebensbaumes anklingt lässt. Zudem spielt auch der Duft eine Rolle: Die Weisheit wird mit Rosenpflanzungen in Jericho, mit Zimt und wohlriechendem Balsam, mit duftender Myrrhe und Weihrauchwolken im heiligen Zelt verglichen; und ihr Genuss schmeckt süßer als Honig (Sir 24,13–22). Die Bilder sind überaus sinnlich. Nach H. Schüngel-Straumann ist im Bild des Lebensbaumes ägyptisches Kolorit erkennbar: Das altorientalische Bild des Lebensbaumes ist meist mit einer Göttin verbunden, die Nahrung und Leben spendet – wie denn auch die Weisheit zum Genuss ihrer Früchte einlädt (V 19)[105]. Nach einer rabbinischen Überlieferung wollte die Weisheit überall herrschen und so sei in ältester Zeit die Tora auch den Heiden angeboten worden, die sie aber zurückgewiesen hätten. Nur in Israel habe die universale Schöpfungsweisheit eine Ruhestatt gefunden und wurde schließlich zur Offenbarungsweisheit der Tora (vgl. Bar 3,37f: „Er hat den Weg der Weisheit ganz erkundet und hat sie Jakob, seinem Diener verliehen, Israel, seinem Liebling. *Dann erschien sie auf der Erde und hielt sich unter den Menschen auf*")[106].

Über die Vorstellung von Spr 8 hinaus enthält Sir 24 einen neuen Gedanken: Die Weisheit geht aus dem Mund Gottes hervor. Weisheit und Wort, Sophia und Logos stehen in enger Verbindung zueinander. Aber aus dem Mund Gottes kommt auch Gottes Geistkraft hervor. So sind Sophia, Logos und Pneuma an der Schöpfung des Kosmos beteiligt. Nicht Macht, sondern Nähe zum Menschen, Bewegung und Lebensfreude kennzeichnen die Sophia[107].

Weisheit 7–9

Aus der jüdischen Diaspora in Ägypten (wahrscheinlich Alexandria) stammt die späteste Schrift der Weisheitstradition, die in der schwierigen Zeit der Verfolgung (zwischen 80 und 30 v. Chr.) jüdische Glaubenstradition und hellenistische Bildung versöhnen will. Im „Gebet Salomos" (Weish 9) bittet der Verfasser: „Gib mir die Weisheit, *die an deiner Seite thront* ..." (V 4) und: „Mit dir ist die Weisheit, die deine Werke kennt und die zugegen war, als du die Welt erschufst. Sie weiß, was dir gefällt und was recht ist nach deinen Geboten. Sende sie vom heiligen Himmel und schick sie vom Thron deiner Herrlichkeit, *damit sie bei mir sei* und alle Mühe mit mir teile und damit ich erkenne, was dir gefällt. Denn sie weiß und versteht alles; sie wird mich *in meinem Tun besonnen leiten und mich in ihrem Lichtglanz schützen*" (V 9–11). Die Weisheit als Throngenossin Gottes ist nicht nur bei Gott, sondern auch in der Welt und lenkt die Menschen. Sie ist auch strahlender und schöner als die Sonne und die Sterne, sie waltet voll Güte im All: „Denn die Weisheit ist *beweglicher als alle Bewegung; in ihrer Reinheit durchdringt und erfüllt sie alles. Sie ist ein Hauch der Kraft Gottes und reiner Ausfluss der Herrlichkeit des Allherrschers;* darum fällt kein Schatten auf sie. Sie ist der Widerschein des ewigen Lichts, *der ungetrübte Spiegel von Gottes Kraft, das Bild seiner Vollkommenheit*. Sie ist nur eine und vermag doch alles, ohne sich zu ändern, erneuert sie alles ... Machtvoll entfaltet sie ihre Kraft von einem Ende zum andern und durchwaltet voll Güte das All" (Weish 7,24–27; 8,1).

Was der Mensch nur mehr getrübt ist – nämlich Abbild Gottes –, ist die Weisheit in strahlender Unversehrtheit: Spiegel von Gottes Kraft. Damit wird die Erfahrung ausgesprochen, dass wir ganz nahe bei Gott und doch ganz bei uns selbst sein dürfen, denn dieser Spiegel ist uns zugewandt und diese Strahlen treffen uns![108] Ihre alles durchdringende Gegenwart tritt in die heiligen Seelen ein und „schafft Freunde Gottes und Propheten" (Weish 7,27). Im Bild der Heimführung als Braut und Lebensgefährtin durch König Salomo wird das persönliche Gottesverhältnis anschaulich: „So beschloss ich, sie *als Lebensgefährtin heimzuführen*, denn ich wusste, dass sie mir guten Rat gibt und Trost in Sorge und Leid" (Weish 8,9). Die göttliche Weisheit weiß um das menschliche Maß, sie berät und tröstet, gibt dem Menschen Ruhe und Heimat, schenkt Freude und Heiterkeit: *„Komme ich nach Hause, dann werde ich bei ihr ausruhen;* denn der Umgang mit ihr hat nichts Bitteres, das Leben mit ihr kennt keinen Schmerz, sondern nur *Frohsinn und Freude"* (Weish 8,16).

In der Gestalt der Weisheit durchdringen sich ein positives Menschenbild und ein heilendes, menschenbejahendes Gottesbild. So wurde die personifizierte Weisheit in der nachexilischen Zeit ein religiöses Symbol von großer Kraft. Als Mittlerin zwischen Himmel und Erde übernimmt die Weisheit die einstige Mittlerrolle des Königs in einer Zeit, wo Gott als fern und abwesend erfahren wurde. Aber da gab es eine Schwierigkeit: Der Glaube an den einzigen Gott im nachexilischen Israel machte eine personifizierte *göttliche* Weisheit zum Problem, weshalb sie als – wenn auch präexistentes – Geschöpf des einzigen Gottes bezeichnet wurde. Dass man in der Sophia mehr als nur eine metaphorische

Redeweise sah, zeigt die Reflexion über ihre Weiblichkeit und die Behauptung ihrer Männlichkeit bei Philo von Alexandrien (ca. 15 v. bis 45 n. Chr.)! In der politisch schwierigen Zeit unter wechselnder Fremdherrschaft erlebte sich Israel als unbedeutend und machtlos. Wie nach allen Kriegen waren es Frauen, die mit ihrer Aufbauarbeit und Lebenserfahrung den Alltag bewältigten. Die Gestalt der Sophia spiegelt ihre Lebenssituation und Zukunftsoffenheit. Als lebensfrohe, freundliche und anmutige Gestalt vermochte sie Hoffnung und neuen Lebenssinn zu vermitteln[109].

3. Der Gott Jesu und die Frauen

3.1. *Jesus, die Weisheit Gottes*

Das Bild der einladenden und menschenfreundlichen Weisheit wurde in einer frühen Überlieferungsschicht (der Logienquelle Q) auf Jesus selbst übertragen: Wie die Weisheit ist er gekommen, den Suchenden und Bedrängten Ruhe zu schaffen. Als menschgewordene Weisheit ruft und lädt er ein: „Kommt alle zu mir, die ihr euch plagt und schwere Lasten zu tragen habt, ich werde euch Ruhe schaffen. Nehmt mein Joch auf euch, und ihr werdet Ruhe für eure Seelen finden, denn mein Joch ist mild und meine Last ist leicht"[110] (Mt 11,28–30). Seine Verkündigung ist Angebot der Heilung und des Lebens auch und gerade für die „Unmündigen",

Einfachen und Deklassierten. Ihnen wird die verborgene Weisheit Gottes geschenkt. Immer wieder hält er Mahl mit Männern und Frauen, Freunden und Kritikern. Wer ihn aufnimmt, nimmt den auf, der ihn gesandt hat (Mt 10,40). Wie die Weisheit schützt Jesus die Seinen im Bildwort der Henne, die ihre Küken unter die Flügel sammelt (Lk 13,34 / Mt 23,37), ein Bild, das für Gottes Hilfe gebraucht wird: „Die Menschen bergen sich im Schatten deiner Flügel, sie laben sich am Reichtum deines Hauses; du tränkst sie mit dem Strom deiner Wonnen. Denn bei dir ist die Quelle des Lebens, in deinem Licht schauen wir das Licht" (Ps 36,8–10). In der offenen Mahlgemeinschaft Jesu mit Zöllnern, Sündern und Prostituierten erkannte die früheste Gemeinde die Parallele zur Weisheitsüberlieferung und bekannte: „Siehe, hier ist mehr als Salomo" (Lk 11,31 / Mt 12,42).

Auch in der johanneischen Überlieferung klingen weisheitliche Gedanken an: Wie die Weisheit spricht auch der johanneische Jesus sein hoheitsvolles „Ich bin" und verheißt Lebensnotwendiges (Nahrung, Führung, Orientierung, Leben); so in der Verheißung vom lebendigen Wasser, das den Durst löscht (Joh 4,10), oder in der Verheißung des Lebensbrotes, das den Hunger für immer stillt und damit die Weisheit überbietet, deren Genuss weiteren Hunger und weiteren Durst bringt (vgl. Joh 6,35.48–51; Sir 24,19–21). Die Nähe von Weisheit–Geist und der einladende Ruf in der Öffentlichkeit wird im Ausruf Jesu am Laubhüttenfest erkennbar: „Wer

Durst hat, komme zu mir, und es trinke, wer an mich glaubt. Wie die Schrift sagt: Aus seinem Innern werden Ströme von lebendigem Wasser fließen. Damit meinte er den Geist, den alle empfangen sollten, die an ihn glauben" (Joh 7,37–39). Der Prolog beschreibt die Präexistenz Jesu, des Logos, in ähnlichen Worten wie die Erschaffung der Weisheit vor aller Schöpfung (Joh 1; Spr 8,22–31).

3.2. Die Gleichnisse Jesu

Auch Jesu Gleichnisse zeigen ein weisheitliches Gottesbild in der Parabel vom großen Gastmahl, zu dem die Geladenen nicht kommen wollen. Wie die Weisheit als Gastgeberin ihre Mägde ausschickt, sendet der Gastgeber seine Knechte zu den Geladenen und holt schließlich die Leute von der Straße zum Fest (Lk 14,15–24; Mt 22,1–10). In den Gleichnissen kommt auch der Lebensalltag von Frauen zur Sprache, der von Not und Unterdrückung, von Hoffnung und Geduld geprägt ist. Jesu Gottesbild ist von Erbarmen und Nähe bestimmt: Die Gedemütigten und Hungernden dürfen das Festmahl Gottes erwarten, das satt macht, und den Gott, der ihre Tränen trocknet (Lk 6,20). Frauenschicksale spiegeln sich im Gleichnis von der Brot backenden Frau (Lk 13,20f / Mt 13,33), von der Hochzeit und den zehn Mädchen (Mt 25,1–13), von der verlorenen Drachme (Lk 15,8–10), von der um ihr Recht kämpfenden

Witwe (Lk 18,1–8). Zwei Beispiele sollen dies exemplarisch zeigen.

Die suchende Frau als Bild für Gott

Im Sondergut des Lukas ist oft von Geld die Rede – Reflex der ständigen Sorge der Armen darum! Wie an anderen Stellen ist Lukas auch bestrebt, die Welt des Mannes und die der Frau miteinander zu parallelisieren (vgl. die Paare in Lk 1–2!). So liegt in Lk 15,1–10 ein Doppelgleichnis vor: Beide, der Hirte und die Frau, verlieren einen kostbaren Besitz. Im Gleichnis von der verlorenen Münze geht es um eine besondere Notlage einer armen Frau. Sie hat lediglich zehn Drachmen (die einzige Erwähnung der griechischen „Drachme" in der Bibel!). Die Drachme entspricht dem römischen Denar, der der Minimallohn eines Tagelöhners für einen zwölfstündigen Arbeitstag ist. Der Verlust dieser Silbermünze wiegt schwer. Wie aber konnte die Frau diese verlieren? Es ist zu vermuten, dass es sich – wie bei den arabischen Frauen in Palästina – um den Kopfschmuck der Frau handelt, den sie als Brautschatz und Notgeld, als kostbarsten Besitz auch nachts nicht ablegt. Normalerweise betrug die Hochzeitsverschreibung (Ketuba) zur Zeit Jesu mindestens 50 Denare für die Aussteuer. Sie blieb Eigentum der Frau, obschon dem Mann die Nutznießung daran zukam („Güter des Melkens", eingebrachtes Frauengut). In den fensterlosen Häusern, die aus einem einzigen Raum bestanden, war das Suchen schwierig. Die Frau zündet darum ein Öllicht an und fegt mit einem Besen, um in dem schwach erhellten Raum das Klirren der Münze auf dem festgetretenen Boden hören zu können. Überglücklich und erleichtert teilt sie ihre Freude beim Wiederfinden mit ihren Freundinnen.

So wie diese arme Frau das Verlorene in allen Winkeln ihres Hauses sucht, so geht der Gott Jesu den Menschen nach. Im Bild der armen Frau wird aber Gott mit menschlichen Empfindungen gezeichnet: Wie diese Frau ist er bekümmert, betroffen und beunruhigt; wie diese arme Frau sucht er unablässig nach den geringsten Menschen, die sich in Schuld verloren haben. In der Zuwendung Jesu zu den Randständigen bekommt Gott das Gesicht dieser armen Frau. Den Wiedergefundenen wird ein jubelndes Fest bereitet – für die korrekten Gesetzestreuen eine irritierende Zumutung. Die Parallelen zur menschenfreundlichen Weisheit sind erkennbar.

Die Witwe und der Richter

Ein überraschendes Gottesbild kommt uns im Gleichnis der Witwe entgegen, die in einem Rechtsstreit zum Richter geht (Lk 18,1–8). Der Richter – ein anerkannter Mann, der in Vermögensangelegenheiten entscheiden kann – wird als „ungerecht", d. h. bestechlich, korrupt charakterisiert. Die Witwe ist nicht in der Lage, ihn zu bestechen. Ihre einzige Waffe ist ihre Beharrlichkeit, mit der sie den Richter nervt und schließlich zu ihrem Recht kommt. Ihre Aufsässigkeit ist Ausdruck ihrer schieren Not, denn Witwe-Sein ist eine frauenspezifische Situation (das Wort „Witwer" fehlt im NT!). Immer wieder schärft die Bibel das Schutzgebot für die Schwächsten, die Witwen, Waisen und Fremden, ein und betont nachhaltig Gottes Parteinahme für sie. Der ständige Kampf der Witwen um ihre Rechte durchzieht die Bibel. Die Witwe im Gleichnis durchbricht die Rolle der Wehrlosigkeit – wie Judas Schwiegertochter Tamar, die sich dem Gesetz, aber nicht den männlichen Sachzwängen beugte (Gen 38), oder die Witwe Judit von Betulia, die auf riskante Weise ihr Volk rettete.

Aber das Befremdliche: Ist dieser Richter ein Bild für Gott? Zwei Dinge lassen im Gleichnis aufhorchen: die ungewöhnlich aggressive Hartnäckigkeit der Frau und der Appell an die Beharrlichkeit Gott gegenüber. Das Gleichnis wäre unverständlich ohne den Schluss: „Der Herr aber sprach: Hört, was der ungerechte Richter sagt. Sollte Gott aber nicht seinen Auserwählten Recht schaffen, die Tag und Nacht zu ihm schreien, und wird er ihnen gegenüber auf sich warten lassen? Ich sage euch: Er wird ihnen rasch Recht verschaffen" (V 6–8a).

Im Gleichnis geht es um die Sache der Witwe, in der Anwendung soll der Schluss vom Richter auf Gott gezogen werden – das klingt anstößig. Ein rabbinisches Wort sagt: „Die Unverschämtheit besiegt den Bösen, wieviel mehr den Allgütigen der Welt" (Billerbeck I 456). Das „um wieviel mehr" entspricht Lk 11,13: „Wenn schon ihr, die ihr böse seid, euren

Kindern gebt, was gut ist, wieviel mehr wird der Vater im Himmel den Heiligen Geist denen geben, die ihn bitten!"

Das Gleichnis ist bei Lukas an eine Jüngergemeinde gerichtet, die der bedrängten Witwe gleicht und zum beharrlichen Beten ermutigt werden muss. Diese Gemeinde ängstigt sich über die bevorstehende Notzeit, die Jesus nicht verschwiegen hat. Sie kann Gottes Eingreifen nicht erzwingen, aber in der Gewissheit bitten, dass Gott ihr auch dann helfen wird, wenn es völlig aussichtslos scheint. Allerdings ist die rasche Hilfe nicht im Bild des Richters angelegt, sondern der Gemeinde zugesagt. Das Gleichnis endet mit einer überraschenden Frage: „Doch wird der Menschensohn, wenn er kommt, Glauben finden auf Erden?" (V 8b). Die offene Frage ist nicht, ob Gott handeln wird – das wird er als Gott der Witwen und Waisen ganz sicher tun –, sondern ob die Menschen dafür bereit sein werden.

In beiden Gleichnissen wird Gott im bedrängenden Alltag der Frauen zur Sprache gebracht. Bilder prägen sich ein. Es ist daher nicht belanglos, welche Lebenswelten sie spiegeln. Es gehört zu den historischen Bedingtheiten der Bibel, dass sie aus der Optik von Männern geschrieben auch männliche Lebenserfahrungen reflektieren. Umso kostbarer und bedeutsamer ist es, dass Jesus durch sein Verhalten und seine Geschichten auch den Frauenalltag mit all seinen Bedrängnissen und Nöten auf Gottes neue Welt hin transparent macht. Gerade die Frauen – gesellschaftlich unten und religiös unmündig – erlebten durch Jesus einen Gott, der sich in besonderer Weise den Geringsten und Verachteten zuwendet. In der Begegnung mit Jesus erfuhren die Frauen eine Würde, die ihnen sonst niemand gab[111].

4. Mystische Traditionen

4.1. *Christliche Mystik*

In der mittelalterlichen Theologie und Mystik waren sich große Theologen immer bewusst, dass all unser Reden von Gott analogen Charakter hat und wir eher sagen können, was er nicht ist: „Bei der Betrachtung der Wirklichkeit Gottes ist aber vornehmlich der Weg der Verneinung zu beschreiben. Denn *die Wirklichkeit Gottes übersteigt jede Form, die unser Verstand erreicht, durch ihre Unermesslichkeit,* und so können wir nicht begreifen, was sie ist. Wir haben jedoch irgend eine Kenntnis von ihr, indem wir erkennen, was sie nicht ist. Und umso mehr nähern wir uns der Kenntnis von ihm, je mehr wir durch unseren Verstand von ihm verneinen. – *Einzig dann erkennen wir Gott in Wahrheit, wenn wir glauben, dass er über alles hinausliegt, was Menschen über Gott zu denken vermögen*" (Thomas von Aquin, 1225–1274).

Alle Bilder vom Göttlichen enthalten ein „*wie wenn …*" und „*als ob …*" So ist auch die Bezeichnung von Gott als Vater eine analoge Aussage. Für

Meister Eckhart ist sowohl Vater wie Mutter ein Bild für Gott: „Gott ist nicht allein Vater aller Dinge, sondern er ist auch eine Mutter aller Dinge. Vater ist er darum, weil er Ursache und Schöpfer aller Dinge ist. Mutter aller Dinge ist er, weil er, wie die Kreatur von ihm ihr Sein empfängt, so auch bei ihr bleibt und sie in ihrem Sein erhält."

Und so kann Angelus Silesius (Johannes Scheffler, 1624–1677) dichten:

> Was Gott ist,
> weiß man nicht.
> Er ist nicht Licht,
> nicht Geist.
> Nicht Wahrheit,
> Einheit, Eins,
> nicht was man
> Gottheit heißt.
> Nicht Weisheit,
> nicht Verstand,
> nicht Liebe,
> Wille, Güte.
> Kein Ding,
> kein Unding auch,
> kein Wesen,
> kein Gemüte.
> Er ist,
> was ich
> und du
> und keine Kreatur,
> eh wir
> geworden sind,
> was er ist,
> nie erfuhr.

4.2. Jüdische Mystik

Die mystische Tradition des Judentums kennt das Bild der *„Schekinah"*, der einwohnenden Gegenwart Gottes. In Talmud und Midrasch wird die Schekinah als manifeste Gegenwart Gottes ohne Hinweis darauf, dass diese Gegenwart weiblich sei, vorgestellt. In der Kabbala wird sie aber weiterentwickelt zum weiblichen Element Gottes. J. Plaskow bemerkt dazu: „Die Hochzeit zwischen Gott und seiner Braut Israel, wie sie sich in den biblischen Quellen widerspiegelt, wurde ins Innere Gottes verlegt, als heilige Verbindung in der Gottheit selbst. Die *Schekinah-Braut* wurde in einer Reihe von Bildern beschrieben – als Prinzessin, Tochter, Königin, Mutter, Matrone, Mond, Meer, Glaube, Weisheit, Gemeinde Israel, Mutter Rachel –, von denen viele, wenn auch nicht alle, tatsächlich oder in den Assoziationen weiblich waren"[112]. Freilich wurde dieses außerordentlich beliebte Bild der Schekinah nie für die Liturgie bestimmend und darum für das Gottesbild in den Gebetstexten nicht prägend.

4.3. Feministische Versuche

„Vermutlich ist die Herrschaft Gottes, wie Jesus sie verkündet hat, mehr Frauschaft, als wir bisher denken wollten" (Kurt Marti).

Zum Schluss sollen einige alternative Ansätze in der feministischen Theologie genannt werden, die vielleicht Türen zu neuen Wegen öffnen. Da ist zuerst die Wiederentdeckung des *offenen Gottesnamens* „JHWH" (Ehyeh-ascher-Ehyeh) und des biblischen Bildverbotes für Gott, die eine Identifikation mit männlichen Bezeichnungen ausschließt. Gerade JHWH, der unaussprechliche Gottesname, verheißt immer wieder neue, überraschende Gotteserfahrungen. Wichtig sind auch die inklusiven Gottesbilder wie Gott als *Quelle des Lebens und des Seins* (Energiequelle, „the grid of being") und – aus dem Bereich der Elektrizitätslehre – die Gemeinschaft als erdender Grund. Betont werden die dynamischen Eigenschaften Gottes und die *Tätigkeit* (creating, energizing, participating, grounding – auch Kurt Marti wünscht sich, „dass Gott ein Tätigkeitswort werde"). Anknüpfend an die Schekinah-Vorstellung der jüdischen Mystik wird die Immanenz und die *Verbindung von Ruach (Geist) und Chokma (Weisheit)* betont. Da der *Personbegriff* Anlass für männliche Gottesnamen wie König, Richter, Herr, Vater u. a. war, wird er *vermieden*. Allerdings schafft dies das Problem der Gebetsanrede für Gott, da eine „Energiequelle" schwerlich angesprochen werden kann. Die feministische Theologie plädiert für eine *Aufwertung der dichterischen Bildsprache für JHWH bei den Propheten*: so den Mutterschoß als Bild des Erbarmens (rächäm-rachamim), die Metaphern aus dem Frauenalltag wie das Bild der Amme, Hebamme, Versorgerin und die mütterlichen Eigenschaften (schwanger, in Wehen liegend, gebärend, stillend, tröstend, Tränen trocknend, nährend).

Meines Erachtens hat die Geistvergessenheit in der westlichen Theologie die in der Ruach ausgesagte dynamische Bewegung und Immanenz ausgeklammert, was eine Neubesinnung auf die Bedeutung von ruach–Geist nötig macht. Ungelöst ist auch die liturgische Anrede Gottes. Nicht nur im Judentum, sondern auch in unseren Kirchen stießen liturgische Veränderungen mit weiblichen Pronomen und Bildern auf heftigen Widerstand, was nach J. Plaskow einen offensichtlichen Widerspruch signalisiert: „Die Wahrheit ist, dass der Gott Israels, obwohl hauptsächlich mit maskulinen Substantiven und Verben beschrieben, eine relativ geschlechtslose männliche Gottheit ist"[113].

Abschließend sollen einige Beispiele zeigen, dass durchaus andere Klänge auch in der Gebetssprache möglich sind, ja zu einer anregenden Neubesinnung aus festgefahrenen Geleisen führen könnten. Anstelle des jüdischen „Baruch Hu et Adonai" betet Lynn Gottlieb „Bruche ja Schekinah":

Gesegnet seist du, Schekinah,
Schekinah, du rufst uns aus dem Exil
In uns selbst im Exil rufst du uns heim, heim.

Und Naomi Janowitz und Maggie Wenig verfassten einen neuen Siddur Nashim:

Gesegnet sei sie,
die sprach und die Welt entstand ...
Gesegnet sei sie,
die am Anfang gebar ...
Gesegnet sei sie,
deren Schoß die Erde bedeckt.
Gesegnet sei sie,
deren Schoß alle Geschöpfe beschützt.

Für die christliche Gebetspraxis ist das schöne Lied von Hildegard von Bingen (1098–1179)[114] über die Dreifaltigkeit anregend:

> Laus trinitati
> quae sonus et vita
> ac creatrix omnium in vita ipsorum est.
> Et quae laus angelicae turbae
> et mirum splendor arcanorum,
> quae hominibus ignota sunt, est,
> et quae in omnibus vita est.

> Lob sei der Dreieinigkeit
> Sie ist Klang und Leben,
> Schöpferin des Alls, Lebensquell von allem,
> Lob der Engelscharen,
> wunderbarer Glanz all des Geheimen
> das den Menschen unbekannt,
> und in allem ist sie Leben.

Oder das Gebet von Kurt Marti:

> Noch bevor wir dich suchen, Gott,
> bist Du bei uns gewesen.
> Wenn wir dich anrufen als Vater,
> hast du uns längst schon wie eine Mutter geliebt.

> Wenn wir sagen „Mutter",
> ermunterst Du uns,
> mit Dir zu reden wie mit einem
> Freund oder einer Freundin.

Bekennen wir Dich als „Herrn",
so gibst Du Dich in Christus als Bruder zu erkennen.
Rühmen wir Deine Brüderlichkeit,
kommst Du uns schwesterlich entgegen.

Immer bist Du es,
der uns auf viele Weisen zuerst geliebt hat.

Darum sind wir jetzt hier,
nicht weil wir besonders gut oder fromm wären,
sondern weil Du Gott bist,
die unendliche Liebe,
und weil es gut ist, Dir nahe zu sein. Amen.

Dietrich Wiederkehr

Der Mensch als Gottes Ebenbild – Bürgschaft Gottes und Auftrag des Menschen

Dieser letzte Beitrag hat schon lange vorher angefangen. In allen vorausgehenden Beiträgen war nie isoliert von Gott die Rede, sondern immer von der Wechselbeziehung zwischen Gott und Mensch: in einer Ellipse mit zwei Brennpunkten, die nie in zwei getrennte Kreise auseinanderbrechen sollte. Was würden uns isolierte Gottesbilder interessieren? Höchstens als kultur- und religionsgeschichtliche Vor- und Aus-stellung von Bildern, Statuen, Erzählungen, Mythen usw. Aber auch ein in sich geschlossener Mensch ohne auch nur die Frage und die Unruhe nach dem Göttlichen wäre eine geschlossene und verschlossene Welt ohne Horizonte und ohne Perspektiven, ohne Unruhe und ohne Aufbrüche.

Allerdings: Diese Ellipse mit zwei Brennpunkten ist keine fertige Figur, sondern eine Zeichnung, die immer neu gezeichnet und befahren und begangen wird – eher wie die Pirouetten von Eisläufern, wie Gewebe von zwei Faden- und Garnspulen, die sich immer neu aufeinander zu oder voreinander weg, zu- und in- und gegeneinander bewegen. Bis zur pointierten Umkehrung (Umdrehung) des heutigen Themas: Gott als des Menschen Ebenbild. Bürgschaft des Menschen und Auftrag Gottes? Was uns in die ganze Debatte der Religionskritik, von den ältesten Skeptikern in der griechischen Philosophie bis zu Feuerbach, Marx und Freud, führen könnte – übrigens mit der wichtigen Zwischenstation etwa eines Thomas von Aquin, der immer wieder beim Menschen den Aufstieg von den Sinneseindrücken zur geistigen und schließlich zur göttlichen Welt und Erkenntnis und so auch zur kreatürlich bedingten Gottesrede ansetzt. Auch nach dieser jahrhundertelangen Austragung ist das Wechselspiel immer noch offen: Es gab einseitige Ausschläge, dominierte Spielzeiten, wo mit der Autorität von göttlicher Offenbarung ein Gottesbild das Menschenbild bestimmte und vordefinierte, und andere Spielzeiten, wo Menschen mit ihren Erfahrungen, Vorstellungen, Beziehungen, Ordnungen und Interessen sich die göttliche Legitimation sicherten und bildeten. Fouls hat es in beiden Spielzeiten gegeben: Fouls eines autoritären Gottesbildes gegenüber den Postulaten menschlicher Freiheit und Gleichberechtigung, Fouls aber auch von Seiten der Menschen, die sich ihren Gott bildeten, um ihre individuellen oder politischen – oder kirchlichen – Platzvorteile zu sichern. Das Spiel ist noch immer nicht entschieden, immer noch offen, es gibt keine Forfait-Entscheidung ohne Austragung zugunsten des Gottes- oder zugunsten des Menschenbildes. Es ist immer neu auszutragen: open end.

1. Orientierung und Auftrag in der Welt (Gen 1,27)

1.1. Vorgaben des Textes

Die im Hebräischen gebrauchten Worte für „Bild und Gleichnis" sind: „zälem", Plastik, Standbild, etwa des Königs, der Gottheit, auch auswärts und andernorts. Sie schaffen Gegenwart und Vergegenwärtigung seiner Würde, seiner Macht, seines Schutzes, seiner Ordnung und Huld. Das hebräische Wort „demut" meint: gleiche Gestalt, gleiche Würde, und doch Unterschied, Distanz, Differenz, aber Übertragung des Auftrags, der Hoheit.

Damit erweisen sich viele Deutungen der Auslegungs- und Theologiegeschichte (Tradition) als partiell und abspaltend von der leib-seelischen Ganzheit des alttestamentlichen Menschenbildes: nicht nur – auch – die äußere körperliche Gestalt des aufrechten Ganges, sondern die ganze Person des Menschen, auch seine Leibhaftigkeit und Geschlechtlichkeit. Andererseits beinhaltet es nicht eine Reduzierung auf seine geistige Natur, auf Erkenntnis und Freiheit, Intellekt und Willen (Thomas von Aquin); auch keine wertende Stufung in nur natürliches Gleichnis und übernatürliches Bild im Sinn von Natur und Gnade. Als ganzer ist der Mensch in die Gottesbeziehung hereingenommen, in die ganze Dramatik der Schöpfungs- und der Menschengeschichte.

Wichtig ist der gesamte Ort als Orts- und Platzanweisung vor allem für den Auftrag. Der Auftrag, über die Tiere zu „herrschen", wurde isoliert und verselbständigt, hat aber zugleich den Ort verlassen und den Zusammenhang, innerhalb dessen von Herrschaft und Gebrauch der Tiere und Pflanzen gesprochen wird, verloren.

1.2. Der sechste Tag innerhalb der Schöpfungswoche

Die Erschaffung des Menschen ist von den übrigen Werken abgehoben. Gott spricht feierlich gleichsam zu sich selber oder zu seinem Hofstaat der Engelwesen: „Lasset uns den Menschen machen!" Dennoch bleibt dieses Werk des sechsten Tages im Gesamtprogramm und in der darin ausgefalteten Ordnung, im Totum der Natur und des Lebens. So wie Gott darin und über sie seine fürsorgliche und ein- und zuordnende Herrschaft ausübt, so soll es auch der Mensch tun: Er kann seinen Tag und seinen Ort nur antreten mit dem gleichen An-marsch durch die vorherigen fünf Tage, im Gang durch die übrige schon vorher erschaffene Welt, an Tieren und Pflanzen, an Jahres- und Tages- und Lebenslauf. Dann kann sich seine Herrschaft und seine Nutzung nicht daraus herausreißen und abspalten, sondern muss genau so den ganzen Schöpfungshaushalt wahren und respektieren. Dieses Voraus gehört mit zur Ausübung der gottebenbildlichen Herrschaft und Nutzung. Noch mehr gehört dazu aber das Nachher. Der Schöpfungsbericht von Gen 1 hat ja nicht nur das Sechs-Tage-Werk, sondern dazu den siebten Sabbat- und Ruhe-Tag: Gott ist kein Deus faber. Dann kann der Mensch, gottebenbildlich, auch nicht nur Homo faber sein, sondern zugleich feiernd, kontemplativ, ruhend, schauend, segnend und gesegnet. Gen 2,1f nennt mehrmals das „ganze Werk". Diese Schöpfung als Ganze zu sehen, in ihrer Vielfalt und Verteilung, aber auch in ihrem Zusammenhalt und Zusammenspiel: Dies mit-zu-sehen und mit-zu-segnen und -zu-feiern mit Gott, dies gehört ebenso zur ebenbildlichen Herrschaft und Nutzung. Aus diesem Zusammenhang darf die Gottebenbildlichkeit nicht herausgelöst werden – oder: hätte sie nie herausgelöst werden dürfen ...

1.3. Ebenbild in der Beziehung von Mann und Frau

Als hätte der biblische Erzähler geahnt, was alles zwischen Mann und Frau getan, gedacht, gesagt, gelehrt – und leider auch geglaubt – würde ..., stellt er gleichberechtigt, ohne jede Vor- oder Nachordnung den Menschen als Mann und Frau, als Ebenbild Gottes hin, durch keine spätere Geschichte ins

Ungleichgewicht und in Rechts-Vor- und -Nachteile zu versetzen, auch nicht moralisch zu bevorzugen oder zu verdächtigen, und auch nicht in Eherecht oder -ordnung zu zerteilen. Leider hat der Autor von Gen 1 dieser späteren fatalen Wirkungsgeschichte nicht vorbeugen und vorbauen können. Leider ist lange Zeit dieses Ur-bild, diese proto-typische Ebenbildlichkeit des Menschen als Mann und Frau nicht so zum Zug gekommen oder am Zug geblieben, sondern erlebten mehr als einmal eine Wirkungslosigkeitsgeschichte und Vergessensgeschichte. Man muss ob dieser Gottebenbildlichkeit des Menschen als Mann-und-Frau nicht unbedingt rückwirkend und rückschließend in das Gottesbild dieses Schöpfungsberichtes eine Paarvorstellung zurückprojizieren. Andere, benachbarte Religionen waren in dieser Beziehung weniger ängstlich. So abgedichtet und abgeschottet war die Bibel von den umliegenden Kulturen und Kulten nicht. Das mindeste ist aber die göttliche Gutheißung der Geschlechtlichkeit und der Beziehung zwischen Mann und Frau. Später wird das gläubige Nachdenken wenigstens vor innergöttlichen Beziehungen nicht zurückscheuen (vgl. den späteren 3. Abschnitt: Christologie und Trinität).

Schon bei diesem ersten Einstieg und Einschnitt spüren wir, wie zwischen Gottes- und Menschenbild wechselseitige Pirouetten gefahren und gedacht wurden und noch werden. Zugleich kommt uns hier aber auch eine kritischen Bewegung entgegen: Gottes Schöpfungsumsicht und -sorge gebietet einer gar göttlichen Absegnung der Natur- und Sachzerstörung entschieden Halt.

2. Bürgschaft Gottes und Wahrung des Menschen

Wir lesen – von der alttestamentlichen Exegese unterstützt – die Genesis nicht als historische Chronik mit der genauen Abfolge von Jahren, sondern eher wie ein geschichtstheologisches Modell. Gerade so reicht die Genesis weit über eine historische Entstehungszeit hinaus und ragt schon immer in allgemeine überzeitliche oder anderszeitige Bereiche hinein, in Vergangenheit, Zukunft und Gegenwart.

2.1. *Geschichtliche Gefährdung*

Gottes Geschichte mit den Menschen und der Schöpfung ist keine Schönwettergeschichte. Ebenbildlichkeit ist darum auch kein bloßes Schönwettertenue und -kleid. Gott scheut die Wetterumschläge nicht, erspart sie und verhütet sie der menschlichen Freiheit und Verantwortung auch nicht. Aber er hält seine Ur-zusage und Ur-gabe der Ebenbildlichkeit aufrecht in Treue. In schweren Kaskaden lässt der Erzähler (oder die Erzähler der verschiedenen Quellen) die Geschichte abstürzen von Fall zu Fall: der Ungehorsam gegenüber dem Baum der Erkenntnis von Gut und Bös (Freiheitsmissbrauch), der tödliche Streit zwischen den Brüdern Kain und Abel, die Hybris des Turmbaus von Babel als politische und kulturelle und auch religiöse Überheblichkeit, „eine Stadt, die bis zum Himmel reicht" wie im griechischen Mythos des Titanenaufstandes, darauf die Strafe der Sintflut. Darin hält sich allerdings der schmale Handlungsstrang von Gottes Bewahrung und Bewährung gegenüber Noah und den Seinen und der hinübergeretteten Schöpfung in der Arche durch. Mit der Sintflut droht das Chaos zurückzukehren, dem doch der Schöpfungsbericht – vor allem in Gen 1 – die lebensfreundliche Ordnung und Scheidung gegenüberstellt und so eindämmend wirkt, in einer offensichtlich fragilen Ordnung. Was wird von der ursprünglichen Gottebenbildlichkeit bleiben und sich durchhalten – wenn überhaupt?

2.2. Göttliche Bewährung

Der Redaktor schaltet am Scharnier zwischen der jahwistischen Tradition und der Priestertradition ein geschichtliches Resumé ein, das auf den ersten Blick aus lauter Namen und Zahlen besteht, in das aber wichtige theologische Garantien eingeschmolzen sind (Gen 5,1–32).

Der Erzähler hat sich weit von einer paradiesischen Idylle entfernt (wenn er sie je hegte). Bereits sind blutige Untaten geschehen: Kain hat Abel erschlagen, Gott hat Kain vor sein Gericht gestellt, ihm allerdings auch jetzt seinen Schutz vor einer uferlosen Blutrache zugesichert. In diesen bereits von Gut und Bös gemischten Teppich webt der Erzähler aber einen Goldfaden ein: In der Zeugung seiner Söhne gibt Adam seine Gestalt und darin auch seine Gottebenbildlichkeit weiter, in den ganzen Kreislauf von zeugen – leben – sterben.

Stammbäume und Lebenszeiten und -daten klingen zwar trocken und langweilig, sie füllen aber Zeit aus, von der der Erzähler wenig weiß. Sie stehen für alle menschliche Geschichte von Gut und Bös, von Gewalt und Gerechtigkeit. Sie nennen ehrenhafte und schuldige Namen. Der Erzähler flicht aber in diese Stammbäume hinein die überraschende Zusage Gottes. Er wiederholt auch da draußen und darin, was er vorher – bei heiterem Wetter – erzählt hatte, weil es auch hier gilt, weil es sich hier bewährt, weil Gott sich hier bewährt: „Als Gott den Adam erschuf, machte er ihn Gott ähnlich. Als Mann und Weib schuf er sie. Und er segnete sie und gab ihnen den Namen Adam, damals als sie geschaffen wurden" (Gen 5,1–2). Mag in der Klammer alle wirre Menschengeschichte stehen, so setzt der Erzähler vor die Klammer diese Zusage von Gottes Ebenbildlichkeit und von Gottes Segen, so wie er am Schluss Noah = Ruhe erscheinen lässt, der „Erquickung schafft von unserer Arbeit und von der Mühsal unserer Hände durch den Acker, den der Herr verflucht hat" (Gen 5,29). Sein Segen erweist sich als resistent gegenüber dem Fluch. Die Ebenbildlichkeit verdankt und bewährt sich kraft des stärkeren Segens. „Der über die Menschheit in

Gen 1,27 ausgesprochene Segen wirkt sich in der Aufeinanderfolge der Generationen aus …, so dass diese Gottähnlichkeit fortan alle Menschen ohne Ausnahme auszeichnen wird"[115].

2.3. *Menschenleben unter Gottes Recht*

In einem noch düstereren Kontext leuchtet die Ebenbildlichkeit in Gen 9,6 auf: Unter den noachitischen Satzungen wird den Menschen jetzt zwar erlaubt, neben den Pflanzen auch Tiere zu schlachten und zu essen, aber ihr Blut muss als Gott-eigen und Gott-heilig vorher auslaufen gelassen werden. Das Blut, Blut der Tiere, erst recht das Blut eines Menschen, ist Gott heilig: „Wer Menschenblut vergießt, dessen Blut soll auch durch Menschen vergossen werden." Wichtig an dieser harten Sanktion ist aber die Begründung: „Denn Gott hat den Menschen nach seinem Bild gemacht." Auch in einer schon gewalttätigen Welt hält Gott seinen Rechtsschutz über den ihm gleichgebildeten Menschen aufrecht und lässt das Unrecht nicht ungeahndet. In diesem Beharren seines Rechts ist das Beharren seiner Treue zu seinem Ebenbild zu sehen. Wir können in dieser beharrlichen Treue, die den Menschen mitten durch das Gewühl der gewalttätigen und verletzenden Geschichte begleitet, eine grundsätzliche und bleibende Bürgschaft und einen ungekündigten Rechtsschutz erkennen. Er setzt sich fort in der Rechtskultur und -tradition (Menschenrechte) der Menschen. Ob sie nun ausdrücklich sich ableiten von der Gottebenbildlichkeit oder ob sie daran festhalten, auch wenn sie sich von dieser ausdrücklichen Garantie emanzipieren: die Gottebenbildlichkeit dämmt die willkürliche Gewalt und die angemaßte Rache ein, sie wahrt aber auch Grundrechte inmitten von kriegerischer oder unrechtmäßiger Gewalt. Sie kommt allen Menschen zugute, allein weil sie Menschen sind: ungeborenen Kindern, geistig Behinderten, unheilbar Kranken, rechtlosen Unterdrückten usw. Sie lässt sich gewiss nicht direkt und vereinfacht in rechtliche Ordnungen umsetzen oder in moralische Verbote weiterleiten, aber sie stellt die Denk- und Ordnungsaufgabe an jede Gesellschaft. Wer sich ausdrücklich auf Gottebenbildlichkeit beruft – die Kirche –, wäre umso mehr zu ihr verpflichtet etwa in der Gleichberechtigung von Mann und Frau. Die redaktionelle Verflechtung der verschiedenen Überlieferungen und der mündlichen oder schriftlichen Quellen ist so nicht nur das Ergebnis eines literarischen Redaktors, sondern auch eines glaubenden Denkens und eines Gottes- und Menschenbildes, das zur harten Realität von Menschengeschichte keine Berührungsängste, sondern Berührungs- und Bewährungsmut zeigt. Von Anfang an wohnt der Gottebenbildlichkeit ethische Konsequenz und Verbindlichkeit und eine entsprechende Praxis inne.

3. Gott im Menschenbild – Mensch im Gottesbild

Die Bibel erzählt die Geschichte zwischen Gott und Mensch schon immer als Beziehungsgeschichte, mit der Tendenz der Annäherung und des ganzen Ankommens Gottes beim Menschen, mit der Tendenz auch des Weges des Menschen auf Gott hin bis zu seinem ganzen Ankommen bei Gott. „Ich werde euer Gott sein und ihr sollt mein Volk sein" – eine Bundesformel, die wachsen kann und will, die steigerungsfähig und intensivierbar ist und auch so auf Zukunft ausblickt. Gott hat schon immer Menschentendenz, ist schon immer anthropomorph, mit menschlichem Antlitz und Gebärden und Gefühlen – Die Bibel ist nicht „wasserscheu"! Umgekehrt ruft Gott den Menschen schon immer in eine größere Intimität, nimmt ihn aber auch in Dienst für sein Wort und sein Wirken. Dass sich diese Intensivierung gar als Inkarnation vollendet und radikalisiert, ist zwar nicht vorherzuberechnen, erweist sich aber rückblickend als Intention von Anfang an, überbietend zwar, aber doch nicht meteoritenhaft hereinbrechend. Inkarnation wird nicht statisch realisiert, senkrecht von oben und unten, sondern angezielt und angepeilt.

Karl Rahner hat maßgeblich die Inkarnation und ihre statische Begrifflichkeit, als hypostatische Union zweier Naturen in einer Person, aufgebrochen und so verstehbar gemacht: indem er sie asymptotisch angenähert hat aus der Tendenz von Gottes Selbstmitteilung zur Welt hin und aus der Tendenz von menschlicher Selbsttranszendenz auf Gott hin. Im Schnitt- und Berührungspunkt darf und kann (muss aber nicht immer und überall) mit den starken Begriffen des Dogmas gesprochen und thematisiert werden. Wenn sich aber diese Begriffe von der Bewegung lösen und verselbständigen, dann bringen wir uns genau um diesen Verstehens- und Erfahrungszugang zum Geheimnis Jesu Christi. Die Einheit der göttlichen und menschlichen Natur muss immer wieder neu angegangen werden vom Eins*werden* und von der Einigung her (gratia unionis). Gott wagt sich mit seiner Menschentendenz bis an dieses Menschsein heran. Und Jesus geht seinerseits derart vertrauend, offen und gehorsam und sich anheimgebend auf diesen Gott zu, den er seinen Vater nennt. Bis sie sich in der Beziehung von Vater und Sohn gegenüberstehen und miteinander leben, handeln und – sind. Das Sein ist aber das Letzte an diesem Aussageversuch; es darf nicht vom „Werden" getrennt und abgelöst werden. Gott verhält sich väterlich zu Jesus, und Jesus verhält sich sohnschaftlich zu Gott. Darum wird und ist er der Sohn Gottes.

Diese Bewegung und Beziehung muss auch für das gewachsene, intensivierte und konkretisierte Verständnis von menschlicher Ebenbildlichkeit begangen werden. Jesus Christus wird so die Ikone Gottes. Gott trägt für immer – nicht bloß als Maske bis zur Demaskierung nach dem Fest – Menschenantlitz und handelt in Menschengebärden, Menschenfreude und -leiden und -sterben. Diese Beziehung erfüllt sich in der Auferweckung Jesu durch den Vater; in ihr erfüllt sich die Gottebenbildlichkeit Christi und die menschliche Gleichgestaltung. Umgekehrt wächst der Mensch Jesus in eine immer größere Transparenz und Epiphanie auf Gott hin und von Gott her, so dass seine menschlichen Gebärden Gottes Gebärden, seine Worte Gottes Wort geworden sind. „Wer mich sieht, sieht den Vater" (Joh 14,9). Der Rahmen der allgemeinen Gottebenbildlichkeit des Menschen konkretisiert und fokussiert sich in der Gottabbildlichkeit Jesu Christi. Umgekehrt ist diese neue und singuläre, originäre Urbildlichkeit schon immer offen und ausgeweitet auf die Gottebenbildlichkeit aller Menschen. Es ist, als würde in Jesus Christus der von Anfang an verborgene magnetische Pol und das Gravitationszentrum sichtbar und freigelegt. Von ihm kam Gottebenbildlichkeit schon immer her, von ihm ging und geht sie aus, auf ihn ging sie schon immer zu und kommt in ihm zur Erfüllung.

So stehen die Aussagen über Christus als Ebenbild Gottes immer im Zusammenhang mit der gleichgestaltenden Ebenbildlichkeit des Menschen, nicht in einem naturhaften Umgestaltungsprozess (wie es bei Teilhard de Chardin missverständlich heißen könnte – er meinte es nicht so). Vielmehr verbleibt diese Gleichgestaltung in der Ambivalenz und Angefochtenheit, in der Gebrochenheit der Sünde, der Schwachheit, des Leidens und des Todes. Sie wird aber auch aufgefangen und unterfangen durch die Beziehung des Glaubens und Vertrauens.

In der Gewichtung dieser Glaubensbeziehung einerseits und in der realen Umgestaltung andererseits liegen lange vor der Reformation die verschiedenen Verständnisse von Gnade und Heil begründet und unterschieden.

Mehrmals durchläuft Paulus mit seinen Gemeinden diesen Weg der Gleichgestaltung und der Ebenbildlichkeit Gottes, die jetzt Ebenbildlichkeit im Urbild Jesus Christus ist. Dabei verbleibt er aber im offenen Horizont der Anthropologie und Theologie von Genesis, intensiviert diese aber auf ihren konkreten geschichtlichen Brennpunkt in Jesus Christus.

Röm 8,28–30: „Wir wissen, dass denen, die Gott lieben, alle Dinge zum Besten gereichen, denen die nach seiner zuvor getroffenen Entscheidung berufen sind [„berufen": Hier taucht die übergeschichtliche Linie in die Atmosphäre der Geschichte ein, in der Verkündigung des Evangeliums und im Glaubensgehorsam]. Denn die er zum voraus ersehen, die hat er auch vorherbestimmt, gleichgestaltet zu sein dem Bild seines Sohnes, damit er der Erstgeborene sei unter vielen Brüdern [und Schwestern!]. Die er aber vorherbestimmt hat, die hat er auch berufen, und die er berufen hat, die hat er auch gerechtfertigt, die er aber gerechtfertigt hat, die hat er auch verherrlicht." Aus diesem Wort hören wir gleichzeitig die Zuversicht und Gewissheit des Glaubens, aber auch seine Angefochtenheit: die Zuversicht im bereits vorwegnehmenden Präsens der künftigen Verherrlichung, die anfechtende Realität darin, dass die so gleichgestalteten Brüder eben auch immer die gerechtfertigten Sünder sind und bleiben. Es gilt, ob der Gewissheit die Gebrochenheit nicht zu überhören und ob der Gebrochenheit an der Gewissheit nicht zu verzweifeln. Gottebenbildlichkeit steht auch in Christus in diesem Zwielicht von Schatten und Licht, wie überhaupt der ganze Kontext von Röm 8.

Während Paulus in Röm 8,28–30 den Abstand zur Zukunft kühn durch ein Präsens überspringt, lässt er in 2 Kor 3,18 diese Herrlichkeit stufenweise zu immer größerer Gleichgestaltung heranreifen und -wachsen: „Wir alle spiegeln mit unverhülltem Angesicht die Herrlichkeit des Herrn wider, und werden in dasselbe Bild verwandelt von Herrlichkeit zu Herrlichkeit, von dem Herrn aus, der der Geist ist." Aber auch wenn er in einen etwas triumphalen Trab geraten ist, holt er sich und die LeserInnen zurück, weiß und erfährt er sich zurückgeholt: „Wir aber haben diesen Schatz in irdenen Gefäßen" (2 Kor 4,7), und lässt alle anfechtenden Gegensätze von der Kette, zwischen die er sich und die LeserInnen gestellt sieht: „Bedrängt, aber nicht in die Enge getrieben, allezeit das Sterben Jesu an unserem Todesleib herumtragend, damit auch das Leben Jesu an unserem Leib offenbar werde" (2 Kor 4,8–12).

Trotz oder gerade wegen der größeren und intensivierten Konkretheit der Ebenbildlichkeit Gottes in Jesus Christus ist ihre angefochtene Verborgenheit und Widersprüchlichkeit nicht geringer, sondern noch radikaler geworden. Auch hier: keine Schön-Wetter-Ebenbildlichkeit!

4. Vom Wort zur Praxis der Gottebenbildlichkeit

Schon bei den ersten biblischen Erwähnungen lag die Ebenbildlichkeit nie in einer ontischen und statischen Qualität des Menschen oder gar in einer partiellen Fähigkeit und Befindlichkeit des Menschen, sondern in der Wahrnehmung seines Ortes und seiner Verantwortung innerhalb von Gottes Schöpfung. So gilt es auch jetzt, nicht nur aus der Wortkonkordanz alle Verwendungen und Erwähnungen der Gottebenbildlichkeit abzufragen, sondern dabei aber auch nicht zu überhören und zu übersehen, wo und wie diese Ebenbildlichkeit geschieht und praktiziert wird, in gleichlautenden und gleichbedeutenden Worten und Mahnungen. Einige Beispiele (erzählende Beispiele sind deutlicher und auch eindringlicher) machen das deutlich. „Seid heilig, wie auch ich, euer Herr, heilig bin": So hieß es noch im Gesetz des Mose (Lev 19,3) als oft wiederholte Begründung der einzelnen Forderungen, Forderungen von unterschiedlicher Bedeutung und Wichtigkeit. In der Bergpredigt wird jetzt aber ebenbildliches Handeln in einer äußersten Dringlichkeit geboten: in der Feindesliebe. „Ihr habt gehört, dass gesagt wurde: Du sollst deinen Nächsten lieben und deinen Feind hassen. Ich aber sage euch: Liebet eure Feinde und betet für die, die euch verfolgen, damit ihr Söhne eures Vaters im Himmel seid. Denn er lässt seine Sonne aufgehen über Böse und Gute ... Wenn ihr nur die liebt, die euch lieben, was habt ihr da für einen Lohn? Tun das nicht auch die Zöllner? ... Ihr nun sollt vollkommen sein, wie euer himmlischer Vater vollkommen ist" (Mt 5,43–48). Damit sind offensichtlich nicht die aszetisch-mystischen Stufen der Vollkommenheit gemeint, sondern höchst konkret und praktisch, unmystisch – oder doch praktisch-mystisch – die Liebe zu den Feinden. Gottebenbildlichkeit ist nicht billig zu leben.

Urbild und Abbild liegen nicht verborgen in einem unsichtbaren Wesen Gottes, auch nicht in geheimnisvollen trinitarischen Hervorgängen und Beziehungen in Gott oder im Menschen, sondern im Erbarmen und im Vergebungswort Jesu. Und es liegt in der Logik dieses urbildlichen Handelns Gottes oder Jesu, dass es als solches Bild gelesen und geübt wird. Die Verweigerung dieses Handelns unterbricht und kappt eine Bewegung, die aus innerster Handlungslogik weitergehen und weitergeschehen will und muss. Im Gleichnis vom unbarmherzigen Knecht geht voraus, wie der Herr dem Knecht auf sein Bitten hin die große Schuld aus Erbarmen vergeben hat. Wie aber der gleiche Knecht seinem Mitknecht auf sein gleiches Bitten hin eine viel kleinere Schuld zu vergeben verweigert, da wird er richtend mit der Handlungslogik Gottes konfrontiert und von dieser Logik auch angeklagt und verurteilt. „Du böser Knecht, deine ganze Schuld habe ich dir erlassen, weil du mich batest. Hättest nicht auch du dich deines Mitknechtes erbarmen sollen, wie ich mich deiner erbarmte?" (Mt 18,32–33). Grund genug, dass der Herr zornig und die Mitknechte traurig werden. „So wird auch mein himmlischer Vater euch tun, wenn ihr nicht jeder seinem Bruder von Herzen verzeiht" (Mt 18,34). Die Gottebenbildlichkeit erweist sich für den Nicht-ebenbildlich-Handelnden als Selbstgericht. Der Ernst erinnert an den Ernst der Blutsforderung an den, der das Blut des ebenbildlichen Menschen vergießt. Gottebenbildlichkeit ist mit der größeren Nähe und Anschaulichkeit und Greifbarkeit im neutestamentlichen Jesus beileibe nicht „gemütlicher" oder „harmloser" geworden.

Gottebenbildlichkeit ist ein Beziehungsgeschehen zwischen Gott und dem Menschen. Sie will aber auch weitergebildet werden im Verhältnis der Glaubenden untereinander und zueinander als ein Beziehungsgeschehen in der Kraft seines Geistes. Sie taucht auch im Glaubenden nicht etwa ab in eine verborgene und unweltliche, trinitarische Mystik (wie die augustinische Trinitätslehre menschliche Analogien in der Geistnatur des Menschen gesucht und gefunden hat). Vielmehr ist es dort wie hier, oben und unten, eine praktische authentische Trinitätsmystik und Ebenbildlichkeit, so wie es Jesus in den Abschiedsreden seinen Jüngern gebietet und offen hält: „Wie mich der Vater geliebt hat, so habe ich euch geliebt. Bleibt in meiner Liebe" (Joh 15,9), und dies in Weiterführung der Weinstockrede: Hic Mystik, hic salta!

Schluss

Gottebenbildlichkeit ist ein weit gespanntes Seil. Wohl wie in allen bisherigen Beiträgen sind wir auch bei unserem Thema einen weiten geschichtlichen Weg gegangen, mit großen Zwischenschritten und -sprüngen. Den Gottesbildern nachzuspüren heißt auch, den langen Weg von Gottes Selbstoffenbarung und von menschlicher Gotteserfahrung mitzugehen. Welche Zeiträume! Die biblischen Quellen für die Gottebenbildlichkeit des Menschen tragen nur schon ganz verschiedene Daten: Schöpfung und Unheils- und Heilsgeschichte, Menschwerdung Gottes in Jesus Christus, Anfang des neugestalteten Menschen in der Gemeinschaft mit dem Auferstandenen und im Wirken seines Geistes. Einige Male reichte das Seil noch weiter zurück in das Geheimnis von Gottes Heilsplan und -ratschluss, in sein Voraus-erkennen und Voraus-bestimmen; und ebenso reicht das Seil weit voraus nicht nur in die gegenwärtige und zukünftige Praxis von Gottebenbildlichkeit, sondern bis in die vollendete und aller Unsicherheit enthobene Gleichgestaltung mit dem Auferstandenen. Der Weg auf einem solchen Seil kennt auch seine Abgründe, in die wir blicken oder in die wir stürzen. Aber zugleich ist dieses Seil und unser Weg darüber unterfangen von einem bergenden und tragenden treuen Gott. Ein Gott, der sein Ebenbild nicht aus seiner bürgschaftlichen Treue entlässt: Die jeweilige überschaubare Strecke unseres Glaubensweges kommt her aus einem Geheimnis und führt in ein Geheimnis hinein, die uns beide entzogen und verhüllt sind. Und darin ist ja auch ein früherer Vortrag aufzunehmen: Nicht nur Gott als Urbild ist nicht abbildbar, sondern jeder Mensch ist auch als Ebenbild durch ein gleiches Bilderverbot geschützt. „Von Gott *und* vom Menschen sollst du dir kein Bildnis machen" (Ex 20,4). Unsere Gottebenbildlichkeit kommt auf kein Foto und kein Gemälde (auch nicht auf jenes von Dürer oder auf eine Christusikone). Wir sind auch uns selber, wie seinerseits Gott es ist, dem Zugriff entzogen. Aber es ist besser und freier, dem abbildenden Zugriff entzogen, dafür aber in Gottes Geheimnis geborgen zu sein: „Geliebte, jetzt sind wir Kinder Gottes. Wir wissen, dass, wenn es offenbar geworden ist, wir ihm gleich sein werden. Aber noch ist nicht offenbar geworden, was wir sein werden" (1 Joh 3,2).

Anmerkungen

1 Stefan Orth, Neu nach Gott fragen: Herder Korrespondenz 54 (2000) 1.
2 Ebd., 2.
3 Vgl. dazu ausführlicher: Walter Gross/Karl J. Kuschel, „Ich schaffe Finsternis und Unheil!" Ist Gott verantwortlich für das Übel?, Mainz 1992.
4 Im Englischen und im Deutschen sind die Worte God – good bzw. Gott – gut etymologisch miteinander verwandt bzw. voneinander abhängig.
5 Vgl. Walter Kirchschläger, Einführung in das Neue Testament. (Begegnung mit der Bibel), Stuttgart 1994, 94.
6 Fälschlicherweise nennen die Christen die Hebräische Bibel das Alte Testament, wobei mit dem Wort „alt" die Vorstellung von etwas Überholtem mit im Spiel ist. Erich Zenger, Die grundlegende Bedeutung des Ersten Testaments. Christlich-jüdische Bibelhermeneutik nach Auschwitz, in: BiKi 55 (2000) 6–13, bes. 6 und 10–12, spricht in diesem Zusammenhang vom „Ersten Testament".
7 Vgl. Christoph Dohmen, Der Dekaloganfang und sein Ursprung, in: Bib. 74 (1993) 175–195, 176.
8 Vgl. Christoph Dohmen, Das Bilderverbot. Seine Entstehung und seine Entwicklung im Alten Testament. (BBB 62), Frankfurt ²1987, 22; ders., Religion gegen Kunst? Liegen die Anfänge der Kunstfeindlichkeit in der Bibel?, in: ders./Thomas Sternberg (Hg.) …, kein Bildnis machen. Kunst und Theologie im Gespräch, Würzburg 1987, 11–23, 21. Vgl. zur Entwicklungsgeschichte des Bilderver-

botes Dohmen, Das Bilderverbot, 236–277. Ob zuerst das Fremdgötterverbot oder das Bilderverbot existierte, ist vergleichbar mit der Diskussion um das Huhn und das Ei.
9 Paul Welten, Art.: Bilder II., in: TRE 6, Berlin 1980, 517–568, 520.
10 Dohmen, Das Bilderverbot (Anm. 8), 24.
11 Ebd., 18.
12 Vgl. Dieter Zeller, Christus unter den Göttern. Zum antiken Umfeld des Christusglaubens. (Sachbücher zur Bibel), Stuttgart 1993, 11.
13 Vgl. Christoph Dohmen, Art.: Bild, Bildverehrung, Bilderverbot, Bilderstreit, in: LThK 2, Freiburg i. Br. ³1994, 440–443, 441.
14 Dohmen, Religion gegen Kunst? (Anm. 8), 15.
15 Ebd., 15; vgl. dazu ebd., 20; Otto Kaiser, Der Gott des Alten Testaments. Wesen und Wirken. Theologie des Alten Testaments. Teil 2: Jahwe, der Gott Israels, Schöpfer der Welt und des Menschen. (UTB.W 2024), Göttingen 1998, 162.
16 Dohmen, Religion gegen Kunst? (Anm. 8), 15.
17 Ludwig Mödl, Aus der Bibel schöpfen. Gedanken wider den Kirchenfrust. Anregungen zu Meditation und Predigt. (Wewelbuch 188), München 1993, 76–77; vgl. dazu auch Dohmen, Religion gegen Kunst? (Anm. 8); ders., Das Bilderverbot (Anm. 8), 276. Vgl. hierzu die Aussagen des jüdischen Schriftstellers Flavius Josephus: Ios., c. Ap. II, 75.167. 190–191; ders., ant. Iud. III, 91.
18 Zeller, Christus unter den Göttern (Anm. 12), 9.
19 Vgl. ebd., 13.
20 Vgl. hierzu bes. Zeller, ebd., 15, 42, 128–130; Eduard Lohse, Umwelt des Neuen Testaments. (NTD. Erg. 1), Göttingen ⁵1980, 163; Jürgen van Oorschot, Die Macht der Bilder und die Ohnmacht des Wortes? Bilder und Bilderverbot im al-

ten Israel, in: ZThK 96 (1999) 299–319, 308, 310.
21 Dohmen, Das Bilderverbot (Anm. 8), 15–16. Zur exklusiven Jahwe-Verehrung vgl. auch ders., Religion gegen Kunst? (Anm. 5), 16, 18, 20.
22 Zeller, Christus unter den Göttern (Anm. 12), 9, merkt in diesem Zusammenhang zu Recht an: „Eine Gruppe braucht für ihren inneren Zusammenhalt eine feste Vorstellung von der Andersheit der anderen, ein ‚Hetero-Stereotyp', und kann keine Unterschiede machen."
23 Vgl. Dohmen, Das Bilderverbot (Anm. 8), 22.
24 Einführung, in: BiKi 54 (1999)1.
25 Vgl. Dohmen, Art.: Bild, in: LThK 2 (Anm. 13), 442.
26 Vgl. BiKi 54 (1999) 1–49.
27 Vgl. Zef 3,16–17.
28 Vgl. Jes 13,l3; 30,27–30; 34,5–10; Jer 15,14–15; 17,4; 30,22–24; Ps 83.
29 Vgl. Ex 20,5; 34,14.
30 Vgl. beispielsweise Num 11,1; 12,9; 14,10–12; 17,11; Am 5,16–20; Zef 1,15–18; Jes 2,6–21.
31 Vgl. hierzu auch Gen 6,5–6; 1 Sam 15,28–29.
32 Dohmen, Art.: Bild, in: LThK 2 (Anm. 13), 441–442.
3Dohmen, Religion gegen Kunst? (Anm. 8), 22.
34 Vgl. Ex 12,1–13,16; 19,1–25; 20,1–21; 24,1–18.
35 Vgl. Ex 20,2; Jes 43,11.25; 48,15; 51,12.
36 Franz Kamphaus, Der Gott an den wir glauben. Hirtenwort und Anregungen zu Verkündigung und Glaubensgespräch in der österlichen Bußzeit 1983, Limburg 1983, 33–34.
37 Vgl. hierzu Dohmen, Das Bilderverbot (Anm. 8), 34–63.
38 Dohmen, Art.: Bild, in: LThK 2 (wie Anm. 13), 441; vgl. ders., Das Bilderverbot (Anm. 8) 22; ders., Religion gegen Kunst? (Anm. 8), 14.

39 Dohmen, Art.: Bild, ebd.
40 Lohse, Umwelt des Neuen Testaments (Anm. 20), 160.
41 Ebd., 159.
42 Vgl. Ios., c. Ap. II, 73–75; ders., bel. Iud. II, 195–197; ders., ant. Iud. XVIII, 261–263.
43 Vgl. Lohse, Umwelt des Neuen Testaments (Anm. 20), 163.
44 Vgl. auch Apg 17,16.
45 Vgl. Dohmen, Art.: Bild, in: LThK 2 (Anm. 13), 442.
46 Vgl. so Maria Neubrand, Abraham – Vater von Juden und Nichtjuden. Eine exegetische Studie zu Röm 4. (FzB 85), Würzburg 1997, 24.
47 Vgl. Alfons Deissler, Der Gott des Alten Testamentes, in: Joseph Ratzinger (Hg.), Die Frage nach Gott. (QD 56), Freiburg i. Br. 1972, 45–58, 55.
48 Vgl. beispielsweise Jes 64,7; Mal 2,10.
49 Vgl. Ez 20,33–34.
50 Vgl. Ex 33,13–17; Ps 33,18; Jes 52,8.
51 Vgl. Ex 33,22–23; 1 Sam 5,6.11; Ps 8,4; Jes 52,8–10; Lk 23,46; Apg 7,24.50.
52 Vgl. Num 11,1; 2 Kön 19,16; Jak 5,4; 1 Petr 3,12.
53 Vgl. Jes 66,1–2; Apg 7,49.
54 Vgl. hierzu Rainer Volp, Art.: Bilder VII., in TRE 6, Berlin 1980, 562.
55 Vgl. zur nicht ganz unproblematischen Verwendung der Begriffe „Judentum" und „Christentum" Neubrand, Abraham – Vater von Juden und Nichtjuden (Anm. 46), 22–25. Der Begriff „Christentum" findet sich erstmals in IgnMagn 10,3; IgnPhld 6,1.
56 Johann Maier, Art.: Bild, in: LThK 2, Freiburg i. Br ³1994, 443.
57 Ebd.
58 Vgl. Ios., bell. Iud. II, 169–171; ders., ant. Iud. XVIII, 55–57.121–122.

59 Johann Maier, Art.: Bilder III., in: TRE 6, Berlin 1980, 522.
60 Lohse, Umwelt des Neuen Testaments (Anm. 20), 124: „Die *Halaka*, d. h. die Weisung, wie man wandeln soll, musste ständig fortentwickelt werden, indem man neu auftauchende Fragen an der Schrift prüfte und entschied. Da die Sätze der Thora vielfach nur allgemeine Bestimmungen enthalten oder nur wenige konkrete Anweisungen geben, musste man in gelehrten Diskussionen jeweils die aktuelle Bedeutung der Schrift erheben", so auch in der Frage des Bilderverbotes. Vgl. auch ebd., 126.
61 Ebd., 127: „In der ersten Hälfte des zweiten Jahrhunderts n. Chr. begann man jedoch, die überquellende Fülle der ständig wachsenden halakischen Tradition zu sammeln, zu sichten und niederzuschreiben. Dieser Prozess des Ordnens hat einige Zeit in Anspruch genommen, so dass erst in der zweiten Hälfte des zweiten Jahrhunderts n. Chr. die *Mischna* als Sammlung der gültigen Halaka" vollendet vorlag.
62 Im fünften Jahrhundert n. Chr. entstand schließlich der Talmud, d. h. die Lehre, welche in zwei verschiedenen Fassungen vorliegt: der sogenannte palästinensische bzw. jerusalemische Talmud und der sogenannte babylonische Talmud der Diasporajuden; vgl. hierzu ebd., 129–130.
63 Vgl. Maier, Art.: Bild, in: LThK 2 (Anm. 56), 443–444; ders., Art.: Bilder III., in: TRE 6 (Anm. 59), 522–523.
64 Vgl. Lohse, Umwelt des Neuen Testaments (Anm. 20), 123–124.
65 Maier, Art.: Bilder III., in: TRE 6 (wie Anm. 59), 523.
66 Ludwig Mödl, Die Spiritualität des Schauens. Bilderverehrung und adoratio in der christlichen

Frömmigkeitspraxis. (EichHR 95), Regensburg 1995, 6.
67 Vgl. Günter Lange, Bild und Wort. Die katechetischen Funktionen des Bildes in der griechischen Theologie des sechsten bis neunten Jahrhunderts, Würzburg 1968, 88.
68 Vgl. Mödl, Die Spiritualität des Schauens (Anm. 66), 5–12.
69 Walther von Loewenich, Art.: Bilder VI., in: TRE 6, Berlin 1980, 547.
70 Ebd., 549.
71 Vgl. WA 56,493,32–494,17.
72 Vgl. die Bilderpolemik in Calvins Schrift: „Institutio" von 1536.
73 Vgl. hierzu Walther von Loewenich, Art.: Bilder VI., in: TRE 6, Berlin 1980, 551, 553.
74 Vgl. van Oorschot, Die Macht der Bilder und die Ohnmacht des Wortes? (Anm. 20), 304, 319.
75 Johann Figl, Art.: Bild, in: LThK 2, Freiburg i. Br. ³1994, 441.
76 Mödl, Die Spiritualität des Schauens (Anm. 66), 17–18.
77 Willi Hoffsümmer, Kurzgeschichten 2. 222 Kurzgeschichten für Gottesdienst, Schule und Gruppe, Mainz 1983, 80.
78 Die Anmerkungen beschränke ich auf das Notwendigste. Zur uferlosen Jesusliteratur s. die Literaturberichte. Literaturüberblicke bieten: Cilliers Breytenbach, Jesusforschung: 1990–1995. Neuere Gesamtdarstellungen in deutscher Sprache, in: Berliner theologische Zeitschrift 12 (1995) 226–249; Ferdinand Hahn, „Umstrittenes Jesusbild?": MThZ 44 (1993) 95–107; Daniel Kosch, Jesus: Neue Bücher, neue Bilder, neue Fragen, in: FZPhTh 40 (1993) 428–457; ders., Neue Jesusliteratur. Eine Umschau: BiKi 48 (1993) 40–45; ders., Neues

Interesse an Jesus, in: Diakonia 26 (1995) 353–357; ders., Jesusliteratur 1993–1997. Eine Umschau, in: BiKi 53 (1998) 213–219; ders., Neuere Jesusliteratur, in: SKZ 166 (1998) 230–239; ders., Jesus 1999, in: SKZ 168 (2000) 255, 258–263; Paul G. Müller, Neue Trends in der Jesusforschung, in: ZNT 1 (1998) 2–16; Halvor Moxnes, The Historical Jesus: From Master Narrative to Cultural Context, in: BTB 28 (1998) 135–149; Arnulf von Scheliha, Kyniker, Prophet, Revolutionär oder Sohn Gottes? Die „dritte Runde" der Frage nach dem historischen Jesus und ihre christologische Bedeutung, in: ZNT 4 (2/1999) 22–31.
Die wichtigsten „großen", auf Deutsch zugänglichen Jesusbücher der letzten Jahre sind: Jürgen Becker, Jesus von Nazaret, Berlin 1996; John D. Crossan, Der historische Jesus, München 1994; Joachim Gnilka, Jesus von Nazaret. Botschaft und Geschichte, Freiburg 1990; E. P. Sanders, Der Sohn Gottes. Eine historische Biographie Jesu, Stuttgart 1996; Gerd Theissen/Annette Merz, Der historische Jesus. Ein Lehrbuch, Göttingen 1996.

79 Eine allgemeinverständliche Darstellung des Forschungskonsenses bietet: „Der historische Jesus", in: Bibel heute 141 (1/2000).

80 Vgl. nur Ralph Hochschild, Sozialgeschichtliche Exegese. Entwicklung, Geschichte und Methodik einer neutestamentlichen Forschungsrichtung. (NTOA 42), Freiburg Schweiz 1999 (Lit.).

81 Vgl. nur Elisabeth Schüssler Fiorenza, Jesus – Mirjams Kind, Sophias Prophet. Kritische Anfragen feministischer Christologie, Gütersloh 1997. Dorothee Sölle/Luise Schottroff, Jesus von Nazaret. (dtv 31026), München 2000.

82 Vgl. nur Jon Sobrino, Christologie der Befreiung I, Mainz 1998.

83 Vgl. neuestens: Walter Dietrich/Martin George/Ulrich Luz (Hg.), Antijudaismus – christliche Erblast, Stuttgart 1999; Peter Fiedler/Gerhard Dautzenberg (Hg.), Studien zu einer neutestamentlichen Hermeneutik nach Auschwitz. (SBAB 27), Stuttgart 1999; Rainer Kampling (Hg.), „Nun steht aber diese Sache im Evangelium…". Zur Frage nach den Anfängen des christlichen Antijudaismus, Paderborn 1999.

84 Die Abkürzung Q verweist auf Texte aus der Logienquelle, einer Sammlung von Jesusreden und -worten, die Mt und Lk zur Verfügung stand. Leicht zugänglich ist die Rekonstruktion von Q in: „Die Logienquelle. Ein frühes Dokument über Jesus", in: BiKi 54 (2/1999).

85 S. nur Gerhard Dautzenberg, Art. Reich Gottes, in: NBL III, 307.

86 Marius Reiser, Die Gerichtspredigt Jesu. (NTA.NF 23), Münster 1990; Werner Zager, Gottesherrschaft und Endgericht in der Verkündigung Jesu. (BZNW 82), Berlin 1996; Christian Riniker, Die Gerichtsverkündigung Jesu. (EHS XXIII/653), Bern 1999.

87 Klaus Berger, Der „brutale" Jesus, in: BiKi 51 (1996) 119–127, Zitat: 126.

88 Reiser, Die Gerichtspredigt Jesu (Anm. 86), 266.

89 So Hans Weder, Die Gleichnisse Jesu als Metaphern (FRLANT 120), Göttingen 1978, 215, nachf. Zitat 217 f.

90 Ulrich Luz, Das Evangelium nach Matthäus (Mt 18–25). (EKK I/3), Zürich 1997, 67.

91 Becker, Jesus von Nazaret (Anm. 78), 87.

92 Ulrich Luz, Jesus der Menschensohn zwischen Juden und Christen, in: Marcel Marcus u. a. (Hg.), Israel und Kirche heute (FS E. L. Ehrlich), Freiburg 1991, (212–)223.

93 Ders., Der Antijudaismus im Matthäusevangelium als historisches und theologisches Problem. Eine Skizze, in: EvTh 53 (1993) (310–)327.
94 Johann Baptist Metz, Ökumene nach Auschwitz – Zum Verhältnis von Christen und Juden in Deutschland, in: Eugen Kogon/Johann Baptist Metz, Gott nach Auschwitz, Freiburg 1979, 121–144, 123 f.
95 Kurt Marti, Zärtlichkeit und Schmerz. Notizen, Darmstadt 21979, 52.
96 Judith Plaskow, Und wieder stehen wir am Sinai. Eine jüdisch-feministische Theologie, Luzern 1992, 157.
97 Ebd., 158–159.
98 Ebd., 159.
99 Ebd., 159–160.
100 Mary Daly, Beyond God the Father. Towards a Philosophy of Women's Liberation, Boston 1973; dies., Gyn/Ecology. The Metaethic of Radical Feminism, Boston 1984.
101 Übersetzung von Helen Schüngel-Straumann; Adama und Zeboim sind die im Feldzug Abrahams zur Befreiung Lots zerstörten Städte im Jordantal (vgl. Gen 14).
102 Vgl. zum Folgenden: Helen Schüngel-Straumann, „Denn Gott bin ich, nicht Mann". Gott als Mutter in Hosea 11, in: Bibel heute 140 (1999), 102–105.
103 Schüngel weist auf die Parallele in 1 Kön 3,26: Die richtige Mutter des Kindes wehrt sich gegen das Töten: „Es entbrannte in ihr ihr Mutterschoß …".
104 Schüngel-Straumann, „Denn Gott bin ich, nicht Mann" (Anm. 102), 105.
105 Helen Schüngel-Straumann, Die göttliche Weisheit in Sprüche 8 und Sirach 24, in: Bibel heute 103 (1990), 152.

106 Aufschlussreich ist der Hymnus auf die Weisheit in Bar 3,15–38: Sie ist verborgen, niemand kennt den Weg zu ihr, der Schöpfer der Welt allein kennt den Weg der Weisheit und schenkte sie Israel.
107 Vgl. auch Sir 51,23–29; 24,19–22; 6,18–37; Weish 6,11–16.
108 Vgl. Walter Gross, Die Weisheit: „Hauch der Kraft Gottes", in: Bibel heute 140 (1999), 106.
109 Vgl. Schüngel-Straumann, Die göttliche Weisheit (Anm. 105) 152–153.
110 Vgl. das Bild vom „Joch der Weisheit" in Sir 6,24; 51,26; in Sir 24 wird die Weisheit mit der Tora identifiziert, das „Joch der Gebote" als verbreitete jüdische Wendung; das „Ruhe finden" (in Sir 6,28; 51,27; 24,7) ist ursprünglich mit der Verheißung der Landnahme verbunden, bei den Propheten ins Eschatologische gewendet und in der Gnosis zum Symbol für das transzendente Heilsgut.
111 Vgl. dazu: Marie-Louise Gubler, Der Gott Jesu und die Frauen, in: BiKi 54 (1999) 23–27.
112 J. Plaskow, Und wieder stehen wir am Sinai (Anm. 96), 171.
113 Ebd., 156–157.
114 Hildegard von Bingen, Lieder, Zürich 1996, 58–59.
115 J. Scharbert, Genesis 1–11. (NEB/AT), Würzburg 1983, 75.

Ulrike Wolitz

Von Schwelle zu Schwelle

Ein Kursbuch zum Credo

Am Beginn des neuen Jahrtausends sieht sich der Mensch vor viele Fragen gestellt: Wo kommt er her, was trägt ihn, was darf er hoffen? Es fällt ihm oft schwer, sich dabei zurecht zu finden. Das allen Christen gemeinsame Apostolische Glaubensbekenntnis ist dabei ein wichtiger Wegweiser. Daher führt Ulrike Wolitz den Leser über die zwölf Schwellenbretter dieses Credos zu einem lebensfreundlichen Grundverständnis des christlichen Glaubens. In verständlicher, bilderreicher Sprache sucht sie dessen Tiefe und Dichte. Dabei prüft sie auch überlieferte und oftmals liebgewonnene Formeln auf ihre Tragkraft. So legt sie das christliche Gottesfresko als Leitbild für die Zukunft des Menschen frei.

Topos plus – Band 378
ISBN 3-7867-8378-0